多(다) : 풍성한 것. 黍(서) : 기장. 稌(도) : 벼. '稻'의 뜻.
亦(역) : 어조사. 廩(름) : 곡식 창고.
秭(자) : 억(億)의 억(億). 이 구절은 곡식이 헤아릴 수 없이 많이 쌓여
        있는 것을 나타낸 것임.
醴(례) : 단술.
烝(증) : 올리다. '進'의 뜻. 畀(비) : 주다. '予'의 뜻.
祖妣(조비) : 선조(先祖)와 망조모(亡祖母). 여기서는 대체로 전조(田
            祖)·선농(先農)·방사(方祀) 등의 신들을 가리킴.
洽(흡) : 합하다. 여기서는 '備'의 뜻으로 갖가지 예를 갖추는 것.
降福(강복) : 신이 내리신 복. 孔(공) : 매우. 심히 '甚'의 뜻. 皆(개) :
            두루. '徧(두루 편)'의 뜻. 여기서는 두루 미치는 것.

閔予小子(mǐn yú xiǎo zǐ)

閔予小子	遭家不造	Mǐn yú xiǎo zǐ / zāo jiā bù zào
嬛嬛在疚	於乎皇考	Qióng qióng zài jiù / wū hū huáng kǎo
永世克孝		Yǒng shì kè xiào
念茲皇祖	陟降庭止	Niàn zī huáng zǔ / zhì jiàng tíng zhǐ
維予小子	夙夜敬止	Wéi yú xiǎo zǐ / sù yè jìng zhǐ
於乎皇王	繼序思不忘	Wū hū huáng wáng / jì xù sī bù wàng

해제

　주(周) 성왕(成王)이 무왕(武王)의 복상(服喪)을 마치고 선왕(先王)들의 묘당을 참배했을 때 부른 악가이다. 1장이며 작법상 부(賦)에 속한다.

주석

閔(민) : 가엾게 여기는 것. 予小子(여소자) : 성왕(成王) 자신을 가리킴.

不造(부조) : 불선(不善). 불행. '造'는 '善'의 뜻.「집안에 불행을 당하여」

嬛嬛(경경) : 의지할 데 없어 고독한 모양. '煢煢(경경)'과 같은 말. 疚(구) : 슬프고 아픈 것. 이 구절은 성왕이 무왕(武王)의 복상(服喪)을 마치고 그리움에 젖어 마음이 뒤숭숭한 것을 말함.

於(오) : 감탄사. 皇考(황고) : 성왕의 부왕(父王)인 무왕(武王)을 가리킴.

永世(영세) : 평생토록.

皇祖(황조) : 문왕을 가리킴.

陟降(척강) : 오르내리는 것. 止(지) : 어조사. 이 구절은 돌아가신 문왕의 신령이 뜰에 오르내리는 듯하다는 뜻.

皇王(황왕) : 돌아가신 문왕과 무왕을 가리킴.

繼序(계서) : 유업(遺業)을 계승하는 것. '序'는 '緖(일 서)'의 뜻.

2. 노송(魯頌)

　노송(魯頌)은 주(周)의 성왕(成王)이 주공(周公)의 아들 백금(伯禽)을 노(魯)나라에 봉(封)한 바 그 시기의 시로서, 지금의 산동성(山東省) 곡부현(曲阜縣) 일대이다. 노송(魯頌)은 〈경(駉)〉·〈유필(有駜)〉·〈반수(泮水)〉·〈비궁(閟宮)〉등 4편인데 묘당(廟堂)에 제사의 가사라기보다는 풍아(風雅)의 격식을 지니고 있다.

有駜(yǒu bì)

有駜有駜	駜彼乘黃	Yǒu bì yǒu bì / bì bǐ shèng huáng
夙夜在公	在公明明	Sù yè zài gōng / zài gōng míng míng
振振鷺	鷺于下	Zhèn zhèn lù / lù yú xià
鼓咽咽	醉言舞	Gǔ yuān yuān / zuì yán wǔ
于胥樂兮		Yú xū lè xī

有駜有駜　駜彼乘牡　　Yǒu bì yǒu bì / bì bǐ shèng mǔ
夙夜在公　在公飲酒　　Sù yè zài gōng / zài gōng yǐn jiǔ
振振鷺　鷺于飛　　　　Zhèn zhèn lù / lù yú fēi
鼓咽咽　醉言歸　　　　Gǔ yuān yuān / zuì yán guī
于胥樂兮　　　　　　　Yú xū lè xī

有駜有駜　駜彼乘駽　　Yǒu bì yǒu bì / bì bǐ shèng xuān
夙夜在公　在公載燕　　Sù yè zài gōng / zài gōng zài yàn
自今以始　歲其有　　　Zì jīn yǐ shǐ / suì qí yǒu
君子有穀　詒孫子　　　Jūn zǐ yǒu gǔ / yí sūn zǐ
于胥樂兮　　　　　　　Yú xū lè xī

해제

임금을 칭송하고 풍년을 빌기 위해 연회와 음주를 행하였다. 3장이며 작법상 흥(興)에 속한다.

주석

駜(필) : 말이 살찌다. 有駜은 '駜然'과 같은 말로 말이 살찌고 강한 모양.

乘(승) : 네 필의 말. 「살찌고 강한 저 네 필의 누렁 말」

夙夜(숙야) : 밤낮으로. 公(공) : 공소(公所). 임금이 계신 곳.

明明(명명) : 사리에 맞게 일을 처리하는 것.

振振(진진) : 떼지어 나는 모양. 鷺(로) : 해오라기. 여기서는 해오라기
        깃을 들고 춤추는 사람들에 비유한 말.
于(우) : '如'의 뜻으로 곧 춤추는 사람들이 앉았다 엎드렸다 하며 춤
        추는 것이 마치 해오라기가 내려앉을 때의 모습 같다는 말.
咽咽(연연) : 북소리가 심장(深長)하게 울리는 것.
言(언) : 어조사.
胥(서) : 서로. '相'의 뜻.
牡(모) : 수말.
駽(현) : 철총이 말.
載(재) : 어조사. 燕(연) : 잔치하다. '宴'과 같은 글자.
有(유) : '有年'의 뜻으로 풍년이 드는 것.
穀(곡) : 녹(綠).
詒(이) : 주다. 孫子(손자) : 자손.

3. 상송(商頌)

상송(商頌)은 상(商)나라 후손인 송(宋)나라 양공(襄公) 시기의 시로서, 〈나(那)〉·〈열조(烈祖)〉·〈현조(玄鳥)〉·〈장발(長發)〉·〈은무(殷武)〉 등 5편으로 구성되어 있다.

玄鳥(xuán niǎo)

天命玄鳥　降而生商	Tiān mìng xuán niǎo / jiàng ér shēng Shāng
宅殷土芒芒	Zhái Yīn tǔ máng máng
古帝命武湯　正域彼四方	Gǔ dì mìng wǔ Tāng / zhēng yù bǐ sì fāng
方命厥后　奄有九有	Fāng mìng jué hòu / yǎn yǒu jiǔ yǒu
商之先后　受命不殆	Shāng zhī xiān hòu / shòu mìng bù dài
在武丁孫子	Zài Wǔ dīng sūn zǐ

武丁孫子	武王靡不勝	Wǔ dīng sūn zǐ / Wǔ wáng mǐ bù shèng
龍旂十乘	大糦是承	Lóng qí shí shèng / dà chì shì chéng
邦畿千里	維民所止	Bāng jī qiān lǐ / wéi mín suǒ zhǐ
肇域彼四海		Zhào yù bǐ sì hǎi
四海來假	來假祁祁	Sì hǎi lái gé / lái gé qí qí
景員維河	殷受命咸宜	Jǐng yuán wéi Hé / Yīn shòu mìng xián yí
百祿是何		Bǎi lù shì hé

해제

은(殷)나라 고종(高宗)을 제사하는 노래인데, 고종 무정(武丁)은 상(商)나라의 쇠퇴를 부흥시키기 위해 수도를 은(殷)으로 옮긴 후 중흥에 힘썼다. 1장이며 작법상 부(賦)에 속한다.

주석

玄鳥(현조) : 제비.
商(상) : 상(商)나라 시조 설(契)을 가리킴. ≪사기(史記)≫에 의하면, 고신씨(高辛氏)의 비(妃)이자 유융씨(有娀氏)의 딸인 간적(簡狄)이 아들 구해주는 신에게 빌자 제비가 알을 주어 이를 삼키고 잉태하여 설(契)을 낳았고, 설은 후세에 유상씨(有商氏)가 되어 천하를 차지하여 다스렸다 한다.
宅(택) : 살다. '居'의 뜻. 여기서는 살게 하는 것.
殷土(은토) : 은나라 땅. **芒芒**(망망) : 큰 모양.
帝(제) : 상제(上帝). **武湯**(무탕) : 무덕(武德)을 갖춘 탕(湯)임금.

正(정) : 바로잡다. 다스리다. '治'의 뜻. 域(역) : 강토. 「저 사방을 강
    토로 다스리게 하셨네」
后(후) : 제후.
奄有(엄유) : 땅을 전부 차지하는 것.
九有(구유) : 구주(九州). 천하.
先后(선후) : 선왕(先王).
不殆(불태) : 위태롭지 않게 천하를 잘 다스리는 것.
武丁(무정) : 은나라 고종(高宗)을 가리킴. 孫子(손자) : 자손.
靡(미) : 없다. '無'의 뜻. 不勝(불승) : 무덕(武德)이 빼어나지 않은 것.
龍旂(용기) : 제후들이 수레에 꽂는 교룡(蛟龍)의 기.
糦(치) : 주식(酒食). 서직(黍稷). '饎(주식치)'와 같은 글자. 承(승)
    : 받들다. '奉'의 뜻.
邦畿(방기) : 왕 터.
止(지) : 머물러 살다. '居'의 뜻.
肇域(조역) : 지경(地境)을 엶. '肇'는 '開'의 뜻.
假(격) : 이르다. '至'의 뜻.
祁祁(기기) : 많은 모양.
景(경) : 산 이름. 상(商)나라가 도읍한 곳. 員(원) : 사방. 둘레. 河(하) :
    황하. 「경산의 사방은 바로 황하일세」
殷受命(은수명) : 은나라가 받은 명령.
咸(함) : 다. 모두. 宜(의) : 합당하다. 올바르다.
何(하) : 짊어지다. '荷(짊어질 하)'와 통함.

詩經選注

柳晟俊·俞聖溶 編著

푸른사상

詩經選注

2004년 8월 25일 1판 1쇄 인쇄
2004년 8월 30일 1판 1쇄 발행

편저자 ● 柳晟俊 · 兪聖濬
펴낸이 ● 한 봉 숙
펴낸곳 ● 푸른사상사

등록 제2-2876호
서울시 중구 을지로3가 296-10 장양B/D 202호
대표전화 02) 2268-8706(7) 팩시밀리 02) 2268-8708
메일 prun21c@yahoo.co.kr / prun21c@hanmail.net
홈페이지 //www.prun21c.com
ⓒ 2004, 류성준 외
ISBN 89-5640-258-2-93820

값 13,000원

*이 책의 불법 복제를 금합니다.

詩集傳序

或有問於余曰詩何為而作也余應之曰人生而靜天之性也感於物而動性之欲也夫既有欲矣則不能無思既有思矣則不能無言既有言矣則言之所不能盡而發於咨嗟詠歎之餘者必有自然之音響節族而不能已焉此詩之所以作也曰然則其所以教者何也曰詩者人心之感物而形於言之餘也心之所感有邪正故言之所形有是非惟聖人在上則其所感者無不正而其言皆足以為教其或感之之雜而所發不能無可擇者則上之人必思所以自反而因有以勸懲

也神之至矣猶言祖考來格也詒遺質
實也言其質實無爲曰用飲食而已羣
衆也黎黑也徬泰言黙首也百姓庶民
也爲爾德者言則而象之猶助爾而爲
德也〇如月之恆古登反如日之升如南山
之壽不騫起虛反不崩如松柏之茂無不
爾或承賦也恆弦升出也月上弦而就
也言舊葉將落而新葉盈曰始出而就明篤厚也承繼
巳生相繼而長茂也

天保六章章六句

詩經選注

과거를 따져보며 현재를 살펴나가고 미래를 꾸미려는 자세가 삶의 정도인데, 근자에는 이러한 기본적인 단계를 뛰어넘는 풍조 아닌 풍조가 각 분야에서 목도되곤 한다. 21세기에는 좋은 약이 많아서 그 힘으로 몇 계단쯤 건너 오를 수 있는 시절이라고 하지만, 그래도 진리는 불변한 것이 아닌가! 더구나 학문만은 정도를 지키는 것이 기본자세일 것이다.

수학에서 가감법도 모르면서 미적분이나 기하학 같은 고등수학을 이해할 수 있는 비법은 없을 터인데, 아니 중국의 문물을 이해할 의도가 조금이라도 있다면 중국의 고전을 먼저 알아야 하는 것쯤은 기본상식이 아니겠는가! 더구나 중국어문학을 가까이하는 입장이라면 더 말할 나위가 없다. 뿌리도 없는 초목들이 무성하게 자라는 현상을 정상적인 현상이라고 할 수 없는 것과 같은 말이다. 거기에 기본상식의 대상이 바로 ≪시경(詩經)≫과 ≪초사(楚辭)≫라는 것이다. 그래서 누군가 하려니 하고 기다리다가 예전에 ≪초사≫에 대한 주석과 한역을 성급하게 한 것처럼, 이번에도 기다리다가 졸속적이나마 다시 ≪시경≫ 305편에서 국풍(國風) 74편, 소아(小雅) 18편, 대아(大雅) 5편, 그리고 송(頌) 5편 등 102편을 선정하여 주석과 해제를 가하여서 교재겸용으로 꾸미게 된 것이다.

  대학에서 시경과목은 중국어문학에 있어서 필수과정인데, 요즈음은 대학의 중국어문계통에서 이 과목의 개설을 소홀히 하는 경향이 있으니 실사구시(實事求是)적인 현실감각이 앞서 있는 때문인지 그 이유를 도무지 이해할 수 없다. ≪논어(論語)≫에서 공자(孔子)가 시교(詩敎)적 차원에서 ≪시경≫을 "사무사(思無邪)"라 하고 또 ≪시경≫ 공부를 통해서 "흥관군원(興觀群怨)"할 수 있다고 하신 말씀을 상기하지 않더라도, 학문의 정통성이라는 점에서 시경과목을 중국어문의 필수과정으로 해야만 그 속에서 연원과 어원, 그리고 사상을 바르게 숙지하게 된다는 진리는 변할 수 없는 것이다. 이것이야말로 오히려 현실에 접근하는 지름길인 점을 강조하고 싶은 것이다. 그런데 국내에 교재겸용으로 사용할만한 ≪시경≫에 대한 주석본은 극히 드물고, 번역본은 수십 종에 달하고 있으니 이 또한 매우 아이러니컬한 사실이다. 다만 그 번역이 다양하게 이루어져 있어서 그 해제와 번역에 각기 다른 풀이를 보게 되는 것은 역대 주석의 다양성과 관련이 없다고 할 수 없을 것이다. 그래서 본 주석본은 주희(朱熹)의 ≪시집전(詩集傳)≫에 의거하여 주석과 해제를 가하려고 하였다. 이런 점에 독자의 깊은 양해가 있기를 바란다.

  본서의 해제와 주석은 주희의 ≪시집전≫을 주된 저본으로 하고 국내외 여러 자료를 참고한 바, 당(唐)대 공영달(孔穎達)의 ≪모시정의(毛詩正義)≫, 청(淸)대 왕부지(王夫之)의 ≪시광전(詩廣傳)≫과 요제항

(姚際恒)의 ≪시경통론(詩經通論)≫, 취완리(屈萬里)의 ≪시경석의(詩經釋義)≫, ≪시경(詩經)≫(中英文版, 1995) 그리고 국내에는 ≪언역시전(諺譯詩傳)≫(中和堂), 김학주(金學主)의 ≪시경선(詩經選)≫(明文堂, 2003)과 일본 다까다신지(高田眞治)의 ≪시경(詩經)≫(集英社) 등을 들 수 있다. 덧붙여 본서의 작품들에 가해진 한어병음자모의 표기는 시앙시(向熹)의 ≪시경고금음수책(詩經古今音手冊)≫(南開大學出版社, 1988)과 ≪한어대자전(漢語大字典)≫(湖北·四川辭書出版社, 1993)에 의거한 바가 큼을 밝혀둔다.

새 학기에 맞추어서 급히 펴내느라 오류가 적지 않으리라 보며, 출판사정이 어려운 가운데서도 본서의 출간에 힘써 준 푸른사상사에 감사를 드리며 올바른 지적을 많이 해주기를 바란다

2004년 여름

편저자 씀

■ 머리말 • 5
■ ≪시경(詩經)≫ 해설 • 15

Ⅰ. 국풍(國風)

1. 주남(周南)
關 雎(guān jū) ·· 24
卷 耳(juǎn ěr) ·· 26
樛 木(jiū mù) ·· 29
桃 夭(táo yāo) ·· 30
芣 苢(fóu yǐ) ·· 31
漢 廣(Hàn guǎng) ·· 32

2. 소남(召南)
鵲 巢(què cháo) ·· 35
甘 棠(gān táng) ·· 37
行 露(háng lù) ·· 38
摽 有 梅(biào yǒu méi) ·· 40
小 星(xiǎo xīng) ·· 41
江 有 汜(jiāng yǒu sì) ·· 42
野 有 死 麇(yě yǒu sǐ jūn) ·· 44
何 彼 襛 矣(hé bǐ nóng yǐ) ·· 45

 目次

3. 패풍(邶風)
   - 柏舟(bó zhōu) ················· 47
   - 日月(rì yuè) ··················· 50
   - 終風(zhōng fēng) ·············· 52
   - 擊鼓(jī gǔ) ···················· 54
   - 凱風(kǎi fēng) ················· 56
   - 雄雉(xióng zhì) ················ 58
   - 谷風(gǔ fēng) ·················· 60
   - 式微(shì wēi) ·················· 65
   - 泉水(Quán shuǐ) ················ 66
   - 靜女(jìng nǚ) ·················· 70

4. 용풍(鄘風)
   - 柏舟(bó zhōu) ················· 72
   - 君子偕老(jūn zǐ xié lǎo) ········ 74
   - 蝃蝀(dì dōng) ·················· 77
   - 載馳(zài chí) ·················· 79

5. 위풍(衛風)
   - 淇奧(Qí yù) ··················· 83
   - 考槃(kǎo pán) ·················· 86
   - 碩人(shuò rén) ················· 88
   - 氓(méng) ······················ 91
   - 河廣(Hé guǎng) ················· 96
   - 伯兮(bó xī) ···················· 98

目次

6. 왕풍(王風)
- 黍 離(shǔ lí) ······ 100
- 君子于役(jūn zǐ yú yì) ······ 102
- 揚之水(yáng zhī shuǐ) ······ 104
- 中谷有蓷(zhōng gǔ yǒu tuī) ······ 105
- 兔爰(tù yuán) ······ 107

7. 정풍(鄭風)
- 將仲子(qiāng zhòng zǐ) ······ 110
- 女曰雞鳴(nǚ yuē jī míng) ······ 112
- 山有扶蘇(shān yǒu fú sū) ······ 114
- 褰裳(qiān cháng) ······ 115
- 風雨(fēng yǔ) ······ 116
- 子衿(zǐ jīn) ······ 118
- 出其東門(chū qí dōng mén) ······ 119
- 溱洧(Zhēn Wěi) ······ 120

8. 제풍(齊風)
- 雞鳴(jī míng) ······ 123
- 東方未明(dōng fāng wèi míng) ······ 125
- 南山(nán shān) ······ 126
- 甫田(fǔ tián) ······ 129

目次

　葛 屨(gé jù) ················· 131
　陟 岵(zhì hù) ················ 133
　伐 檀(fá tán) ················ 135
　碩 鼠(shuò shǔ) ·············· 137

10. 당풍(唐風)
　蟋 蟀(xī shuài) ··············· 140
　山有樞(shān yǒu ōu) ············ 142
　綢 繆(chóu móu) ··············· 144
　杕 杜(dì dù) ················· 146

11. 진풍(秦風)
　車 鄰(jū lín) ················ 148
　蒹 葭(jiān jiā) ··············· 150
　黃 鳥(huáng niǎo) ············· 152
　權 輿(quán yú) ··············· 154

12. 진풍(陳風)
　宛 丘(wǎn qiū) ··············· 156
　東門之池(dōng mén zhī chí) ······· 158
　月 出(yuè chū) ··············· 159
　澤 陂(zé bēi) ················ 160

目次

13. 회풍(檜風)
    羔 裘(gāo qiú) ································· 163
    隰 有 萇 楚(xí yǒu cháng chǔ) ········· 165

14. 조풍(曹風)
    蜉 蝣(fú yǒu) ································· 167
    下 泉(xià quán) ····························· 169

15. 빈풍(豳風)
    鴟 鴞(chī xiāo) ······························ 171
    東 山(dōng shān) ·························· 174
    伐 柯(fá kē) ·································· 178

II. 소아(小雅)

1. 녹명지십(鹿鳴之什)
    鹿 鳴(lù míng) ······························ 182
    常 棣(cháng dì) ···························· 184
    伐 木(fá mù) ································ 188
    采 薇(cǎi wēi) ······························ 191

2. 백화지십(白華之什)
    蓼 蕭(lù xiāo) ································ 195

 目次

3. 동궁지십(彤弓之什)
    六 月(liù yuè) ··· 198
4. 기보지십(祈父之什)
    黃 鳥(huáng niǎo) ··· 203
    無 羊(wú yáng) ··· 205
    節南山(jié nán shān) ····································· 208
5. 소민지십(小旻之什)
    巷 伯(xiàng bó) ·· 214
    谷 風(gǔ fēng) ·· 217
    蓼 莪(lù é) ·· 218
    四 月(sì yuè) ··· 221
6. 북산지십(北山之什)
    小 明(xiǎo míng) ··· 225
7. 상호지십(桑扈之什)
    靑 蠅(qīng yíng) ··· 229
    采 菽(cǎi shū) ··· 230
8. 도인사지십(都人士之什)
    都人士(dū rén shì) ··· 235
    隰 桑(xí sāng) ··· 238

目次

Ⅲ. 대아(大雅)

1. 문왕지십(文王之什)
    文 王(Wén wáng) ·· 242
    旱 麓(Hàn lù) ·· 247

2. 생민지십(生民之什)
    生 民(shēng mín) ······································· 250
    板(bǎn) ··· 257

3. 탕지십(蕩之什)
    烝 民(zhēng mín) ······································· 264

Ⅳ. 송(頌)

1. 주송(周頌)
    淸 廟(qīng miào) ······································· 273
    豊 年(fēng nián) ·· 274
    閔 予 小 子(mǐn yú xiǎo zǐ) ······················· 275

2. 노송(魯頌)
    有 駜(yǒu bì) ··· 277

3. 상송(商頌)
    玄 鳥(xuán niǎo) ······································· 280

≪시경(詩經)≫ 해설

≪시경≫은 중국의 유가경전이며 가장 오래된 시가집인 동시에 중국문학의 근간이 되는 고전이다. ≪시경≫을 통하여 중국문화를 이해하는 것이 무엇보다 중요한 과정이라는 것을 깊이 인식할 필요가 있다. ≪시경≫을 바르게 알고 익히는 길잡이로서 ≪시경≫에 관해 아래에서 간략히 설명하고자 한다.

1. ≪시경≫의 명칭

≪시경≫의 작품 305편을 처음에는 단지 '시(詩)' 또는 '시삼백(詩三百)'이라고 불렀다. 그래서 ≪논어(論語)≫ 위정편(爲政篇)에는 "시삼백은 한 마디로 말해서 담긴 사상에 사악함이 없다.(詩三百, 一言

以蔽之, 曰思無邪.)"라 하고 태백편(泰伯篇)에서는 "시에서 감흥하고 예에서 서며 음악에서 이룬다.(興於詩, 立於禮, 成於樂.)"라고 하였으며, 또 양화편(陽貨篇)에서는 "제자들은 어째서 시를 배우지 않는가?(小子何莫學夫詩.)"라고 하여 경(經)이란 호칭이 없었다. 그런데 이 경(經)이란 명칭이 나온 시기는 전국(戰國)시대 말로서, 유가(儒家)들이 나라를 다스리고 백성을 교화(教化)하는데 서(書)·역(易)·예(禮)·춘추(春秋)와 함께 시(詩)를 채택하면서 이들에 경(經)이란 호칭을 뒤에 붙이게 된 것이다. 여기서 경(經)은 반고(班固)의 ≪백호통(白虎通)≫에 의하면 "경은 상(常), 즉 늘 행하여야 할 도의 뜻으로 불변의 늘 지켜야 할 도리를 말한다(經, 常也; 言不變之常經也.)"라고 한 바와 같이 불변의 진리를 담고 있는 고귀하고 본이 되는 책으로 추숭하는 의미를 지닌다.

2. ≪시경≫ 시대와 지역

시경의 작품연대를 정확히 추정하기는 불가능하다. 그러나 ≪맹자(孟子)≫에서 "시가 없어지고 난 뒤에 춘추가 지어졌다.(詩亡而後春秋作.)"라고 한 바와 같이, 공자(孔子)가 시 3000여 편을 300여 편으로 편집했다는 산시설(刪詩說)을 근거로 하면 늦어도 공자가 ≪춘추(春秋)≫를 짓기 이전의 작품들인 것만은 확실하다. 양계초(梁啓超)는 가장 오랜 시로서 빈풍(豳風)의 〈칠월(七月)〉을 하(夏)대의 작품으로까지 소급하지만, 모시서(毛詩序)에서는 주공(周公) 시기 즉 서주(西周) 초기의 작품으로 단정하고 있으니까 B.C. 1100년 전후로 추정할 수 있다. 그리고 상송(商頌) 5편은 상(商)대의 교사민가(郊祠民歌)로 보는 설이 있지만, 이것은 ≪사기(史記)≫ 송미자세가(宋微子世家) 및 모시서에 의하면 상(商)의 후손인 송(宋)나라 양공(襄公) 때의 정고보(正考父)가 상(商)대의 선조를 제사하기 위해 지은 것으로 확인되므로 춘추(春秋)시대의 시로 볼 수 있다. 주송(周頌)은 문왕(文王)과 무왕(武王)을 주 대상으로 한 서주 초기의 시로 보며, 노송(魯頌)은 노(魯)나라 희공(僖公)이 살아있을 때 지어진 것으로 본다. 그리고 소아(小雅)는 서주(西周) 중엽, 대아(大雅)는 서주 초기로 보며 국풍(國風) 중에 늦게 지어진 시로는 진풍(陳風)의 〈주림(株林)〉을 들 수 있으니 이 시가 진(陳)나라 영공(靈公)의 음란을 풍자한 내용이므로 시기적으로 노(魯)나라 선공(宣公) 18년, 즉 춘추(春秋) 중엽인 B.C. 599년의 사건이기 때문이다. 그러므로 ≪시경≫의 창작시기는 B.C. 1100년에서 600년 사이로 보아야 할 것이다.

 ≪시경≫에서 국풍은 그 당시 15국의 시를 말하므로 그 나라의 영토가 있었을 것이니 나라별 지역을 보면 대개 다음과 같다.

 주남(周南) ― 섬서성(陝西省) 동부와 하남성(河南省) 서부,
      황하(黃河) 이남, 여수(汝水)와 한수(漢水) 사이
 소남(召南) ― 주남(周南)과 같은 지역
 패(邶) ― 하남성 대부분
 용(鄘) ― 하남성 대부분
 위(衛) ― 하남성 대부분
 왕(王) ― 하남성 낙양현(洛陽縣) 서부
 정(鄭) ― 하남성 신정현(新鄭縣) 일대

제(齊) — 산동성(山東省) 북부
위(魏) — 산서성(山西省) 서부 해현(解縣)과 안읍(安邑) 일대
당(唐) — 산서성 태원현(太原縣) 일대
진(秦) — 섬서성 대부분과 감숙성(甘肅省) 일부
진(陳) — 하남성 회양현(淮陽縣) 일대
회(檜) — 하남성 형택현(滎澤縣) 남부와 밀현(密縣) 동북부
조(曹) — 산동성 하택현(菏澤縣)과 정도현(定陶縣) 일대
빈(豳) — 섬서성 순읍현(栒邑縣) 일대

3. ≪시경≫ 작자와 시서(詩序)

≪시경≫의 시는 작자를 단정적으로 논할 수 없다고 해야 할 것이다. 먼저 국풍(國風)은 민요이므로 특정적으로 작가를 거론할 필요가 없으며, 아(雅)도 상당수가 사대부의 정치풍자를 담은 작품이므로 문자로 인한 액(厄)을 면하기 위해서 작자를 밝힐 수 없었다. 송(頌)은 종묘(宗廟)의 제사를 위한 공덕의 칭송에 해당하는 관방(官方)문헌이므로 더욱 작자를 논할 필요가 없었다. 그리하여 시 삼백(三百)에서 단지 다음 5편만 작자를 밝힐 수 있게 된 것이다.

1. 소아(小雅) 〈항백(巷伯)〉 — 맹자(孟子) : 근거 — "寺人孟子, 作爲此詩."라는 시구.
2. 소아 〈절남산(節南山)〉 — 가보(家父) : 근거 — "家父作誦, 以究王訩."이라는 시구.

3. 대아(大雅)〈숭고(崧高)〉— 윤길보(尹吉甫) : 근거 — "吉甫作誦, 其詩孔碩."이라는 시구.
4. 대아〈증민(烝民)〉— 윤길보 : 근거 — "吉甫作誦, 穆如清風"이라는 시구.
5. 노송(魯頌)〈비궁(閟宮)〉— 해사(奚斯) : 근거 — "新廟奕奕, 奚斯所作."이라는 시구.

이외에 빈풍(豳風)〈치효(鴟鴞)〉-주공(周公), 용풍(鄘風)〈재치(載馳)〉-허목공(許穆公) 부인(夫人), 소아(小雅)〈상체(常棣)〉-소목공(召穆公), 또는 주공(周公), 대아(大雅)〈문왕(文王)〉-주공(周公) 등을 주장하는 설이 있으나 확증이 박약하다. 근래엔 시 삼백(三百) 전체를 윤길보(尹吉甫) 한 사람의 작이라고 하는 놀랄만한 주장을 하는 학자도 있으나 믿을 수가 없는 설이다.

《시경》의 서(序)는 《시경》을 이해하는데 매우 중요한 자료가 된다. 《시경》의 시는 표제(標題)가 없어서 시구 첫 두 자를 빌려서 제목으로 삼은 것이기에, 서(序)를 통해 시의 주지(主旨)를 파악하는 근거로 하였다. 서(序)에는 대서(大序)와 소서(小序)가 있는데 이 서(序)의 문제는 이설이 분분하여 획일화시킬 수가 없다. 그 주요한 설들을 열거하면 대개 다음과 같다.

1. 모공(毛公)과 정현(鄭玄)은 자하(子夏)의 작으로 봄.
2. 정호(程顥)는 공자(孔子)의 작으로 봄.
3. 육덕명(陸德明)은 모공(毛公)이나 모공 문인(門人)의 작으로 봄.
4. 정초(鄭樵)와 정호(程顥)는 그 당시의 사관(史官)의 작으로 봄.

5. 왕안석(王安石)은 시인 자신의 작으로 봄.
6. 정현(鄭玄)은 대서(大序)는 자하(子夏)의 작, 소서(小序)는 자하(子夏)와 모공(毛公)의 합작으로 봄.
7. 《수서(隋書)》 경적지(經籍志)에는 자하와 모공이 짓고 위굉(衛宏)이 윤식(潤飾)한 것으로 봄.
8. 《후한서(後漢書)》 유림전(儒林傳)에는 위굉(衛宏)의 작으로 봄.

이상의 여러 설에서 위굉작설(衛宏作說)은 근거가 있어서 비교적 신뢰가 가지만, 역시 근거가 부족하여 정론(定論)으로 삼을 수 없다. 그리고 서(序)가 제시하는 주지도 견강부회하거나 곡해한 것이 적지 않으니, 예컨대 〈관저(關雎)〉는 분명히 군자와 숙녀의 성혼(成婚)을 읊은 시인데 서에서는 "후비의 덕(后妃之德也)"을 읊은 것이라 하였고 〈갈담(葛覃)〉도 부인이 고향집으로 돌아가 문안하는 시인데 서에서는 "후비의 근본(后妃之本也)"을 읊은 것이라고 하였다. 시서의 이러한 관점은 말할 나위없이 《시경》을 정치교화의 교본으로 삼았기 때문이다.

4. 《시경》의 체재와 작법

진(秦)나라의 분서갱유 이후에, 한(漢)대 초에 이르러서 《시경》을 전한 사람은 노(魯)나라의 신배(申培), 제(齊)나라의 원고생(轅固生), 연(燕)나라의 한영(韓嬰), 그리고 모형(毛亨)과 모장(毛萇) 등인데, 이 중에서 모씨 형제의 본(本)만 311편이고 나머지는 305편을 전하고 있다. 모본(毛本)의 6편은 〈남해(南陔)〉·〈백화(白華)〉·〈화서(華

黍)〉·〈유경(由庚)〉·〈숭구(崇丘)〉·〈유의(由儀)〉 등으로 편목(篇目)만 전한다. 그 구성을 보면 국풍은 160편, 아는 대아 31편, 소아 74편 등 105편, 그리고 송은 주송 31편, 노송 4편, 상송 5편 등 40편을 수록하여 현재 전해지는 총수는 305편이 된다.

　시경의 내용과 형식을 보면, 모시서(毛詩序)는 ≪주례(周禮)≫ 태사직(太師職)에서 "敎六詩; 曰風, 曰賦, 曰比, 曰興, 曰雅, 曰頌"라고 한 설법에 근거하여 "육의(六義)"라고 하였다. 이 중 풍(風)·아(雅)·송(頌)은 ≪시경≫의 체재가 되고 부(賦)·비(比)·흥(興)은 ≪시경≫의 작법이 된다. 풍은 각 지역의 풍토와 인정을 표현한 민요여서 남녀의 사랑과 감정을 사실적으로 묘사하거나 사회의 모순과 정치의 혼란 등을 풍자하는 등 다양한 상황을 파악할 수 있게 하여서 ≪시경≫에서 가장 높은 가치를 지닌다. 주희(朱熹)는 ≪시집전(詩集傳)≫서(序)에서 "풍이란 대부분 마을의 가요에서 나온 것으로 소위 남녀가 서로 어울려 노래하며 각각 그 감정을 말한 것이다.(風者多出於里巷歌謠之作, 所謂男女相與詠歌, 各言其情者.)"라고 하였다. 풍이 교화적 의미를 지니면서 정풍(正風)과 변풍(變風)으로 구분되니, 정풍은 성왕(聖王)의 교화를 주제로 한 것이라 하여 백성으로 하여금 "즐겁되 지나치지 아니하고 슬프되 마음 아프지 아니하다.(樂而不淫, 哀而不傷.)"의 심성을 권면하는 작용을 하였고, 변풍은 왕도(王道)가 쇠미해져서 예의와 정교(政敎)가 정도를 잃으니 군자나 백성이 인륜의 타락을 탄식하고 정치의 부패를 슬퍼하는 마음을 토로하는 역할을 한 것이다.

　아는 중원(中原) 일대에 유행하여 왕조의 정음(正音)이 된 것이다. 아는 대개 조정 사대부의 작품이니, 주희는 "아는 향연과 조회에서의 공경대부의 작이다.(雅則燕饗, 朝會, 公卿大夫之作.)"이라고 하였다. 아는 다시 대아와 소아로 구별되니, 주희는 "정소아는 향연 때 쓰여진 음악이고, 정대아는 조회에 쓰여진 음악이다.(正小雅, 燕饗之樂也; 正大雅, 朝會之樂.)"라고 하였다.

송은 종묘제사 시에 신령과 조상을 칭송하던 악가로서, 주희는 "송은 귀신의 종묘와 제사의 가무의 음악이다.(頌則鬼神宗廟, 祭祀歌舞之樂.)"라고 하였다. 그리고 대서(大序)에서는 "송이란 성덕을 찬미하는 형용으로서 그 성공을 신명에게 고한 것이다.(頌者美盛德之形容, 以其成功告於神明者也.)"라고 하였다.

육의에서 시의 작법인 부·비·흥을 보면, 부는 사물의 진상이나 개인의 감회를 직설(直說)하는 것으로 현대 수사학상 직서법(直敍法)에 해당한다. 주희는 "부란 그 이름을 직접 제기하고 그 일을 직접 서술하는 것이다.(賦者直揭其名, 直敍其事.)"라고 하였다.

비는 다른 사물을 빌려서 자신의 심사(心思)를 비의(比擬)하는 작법으로서, 수사학상 비유법이나 상징법에 해당한다. 그래서 주희는 "비란 저 사물을 가지고 이 사물을 비유하는 것이다.(比者以彼物比此物.)"라고 하였다. 그리고 흥은 외부 사물로부터 내심의 영감을 촉발시켜서 표현되는 작법으로서, 비보다 더 은유적인 연상법(聯想法)에 해당한다. 주희는 "흥이란 먼저 다른 사물을 말함으로써 그 읊고자 하는 말을 끌어내는 것이다.(興者先言他物, 以引其所詠之辭.)"라고 하였다.

Ⅰ. 국풍(國風)

　주희(朱熹, 1130~1200)가 주해한 ≪시집전(詩集傳)≫에 의하면 국풍(國風)에서 국(國)이란 제후를 봉(封)한 지역이며, 풍(風)이란 민속가요의 시를 말한다고 하였다. 그러니까 국풍은 제후국의 가요라는 뜻이다. 국풍에는 주남(周南)으로부터 빈(豳)에 이르는 15국의 시 160편이 실려 있다. 그 중에서 주남(周南)이 11편, 소남(召南)이 14편, 패풍(邶風)이 19편, 용풍(鄘風)이 10편, 위풍(衛風)이 10편, 왕풍(王風)이 10편, 정풍(鄭風)이 21편, 제풍(齊風)이 11편, 위풍(魏風)이 7편, 당풍(唐風) 12편, 진풍(秦風)이 10편, 진풍(陳風)이 10편, 회풍(檜風)이 4편, 조풍(曹風)이 4편, 빈풍(豳風)이 7편이다.
　이들 15국의 시들에서 본서가 선정하여 해제와 주석을 가한 작품은 주남 6편, 소남 8편, 패풍 10편, 용풍 4편, 위풍 6편, 왕풍 5편, 정풍 8편, 제풍 4편, 위풍 4편, 당풍 4편, 진풍 4편, 진풍 4편, 회풍 2편, 조풍 2편, 빈풍 3편 등 모두 74편이다.

1. 주남(周南)

주남은 주나라 남쪽을 의미하는데 그러므로 시 11편은 모두 주남의 노래이며 가락도 남방의 악조(樂調)를 사용한 것으로 본다.

關 雎(guān jū)

關關雎鳩	在河之洲	Guān guān jū jiū / zài Hé zhī zhōu
窈窕淑女	君子好逑	Yǎo tiǎo shū nǚ / jūn zǐ hǎo qiú
參差荇菜	左右流之	Cēn cī xìng cài / zuǒ yòu liú zhī
窈窕淑女	寤寐求之	Yǎo tiǎo shū nǚ / wù mèi qiú zhī
求之不得	寤寐思服	Qiú zhī bù dé / wù mèi sī fú
悠哉悠哉	輾轉反側	Yōu zāi yōu zāi / zhǎn zhuǎn fǎn cè
參差荇菜	左右采之	Cēn cī xìng cài / zuǒ yòu cǎi zhī

窈窕淑女　琴瑟友之　Yǎo tiǎo shū nǚ / qín sè yǒu zhī

參差荇菜　左右芼之　Cēn cī xìng cài / zuǒ yòu mào zhī
窈窕淑女　鐘鼓樂之　Yǎo tiǎo shū nǚ / zhōng gǔ lè zhī

해제

주나라 문왕(文王)의 비(妃) 태사(太姒)의 덕을 찬양한 노래로서, 숙녀는 문왕의 비, 군자는 문왕을 일컫는다. 서로 다투지 아니하고 분별 있는 지조를 징경이에 비유하여 작법상 흥(興)으로 분류하였다. 공자(孔子)는 ≪논어≫에서 이 시에 대해 "즐겁되 지나치지 아니하고, 슬프되 마음을 상하지 않는다.(樂而不淫, 哀而不傷.)"고 하였다.

주석

關關(관관) : 암수의 새가 서로 어울려 우는 소리.
雎鳩(저구) : 징경이. 물수리. 일명 왕저(王雎). 오리나 갈매기를 닮고 강회(江淮) 일대에 서식함.
河(하) : 황하(黃河). 洲(주) : 강 가운데의 섬.
窈窕(요조) : 얌전하고 고운 모습.
淑女(숙녀) : 아직 시집가지 않은 여자로 마음이 곧고 착한 아리따운 아가씨.
君子(군자) : 사회적 신분이나 지위가 높은 사람.
好逑(호구) : 좋은 짝. '逑'는 '匹'의 뜻.

參差(참치) : 가지런하지 않은 모양. 들쭉날쭉한 모양.
荇菜(행채) : 마름 풀. 물위에 떠서 자라며 먹을 수 있음.
左右(좌우) : 일정한 방향 없이 왼쪽으로 갔다 오른쪽으로 갔다 하는 것.
流(류) : 물 흐름을 따라 채취하는 것. 「이리저리 뒤적이며 뜯네」
寤寐(오매) : 자나깨나. '寤'는 잠자는 것. '寐'는 잠깨는 것.
服(복) : 그리다. '懷'의 뜻.
悠哉(유재) : 하염없이 생각나는 것.
輾轉(전전) : 옆으로 누워도 한 바퀴 돌아누워도 편안한 잠이 오지 않는 것.
反側(반측) : 잠을 이루지 못해 이리저리 뒤척이는 것. 「잠 못 이뤄 이리저리 뒤척이네」
采(채) : 캐다. 채취하다. '採'와 같은 글자.
琴瑟(금슬) : 거문고와 큰 거문고. 友(우) : 벗하다.
芼(모) : 뽑다. 솎다. 야채 따위를 가려 뽑아냄.
鍾鼓(종고) : 쇠북과 북.

卷 耳(juǎn ěr)

采采卷耳　不盈頃筐　　Cǎi cǎi juǎn ěr / bù yíng qǐng kuāng
嗟我懷人　寘彼周行　　Jiē wǒ huái rén / zhì bǐ zhōu xíng

陟彼崔嵬　我馬虺隤　　Zhì bǐ cuī wéi / wǒ mǎ huī tuí
我姑酌彼金罍　維以不永懷　Wǒ gū zhuó bǐ jīn léi / wéi yǐ bù

yǒng huái

陟彼高岡　我馬玄黃　　　　　Zhì bǐ gāo gāng / wǒ mǎ xuán huáng
我姑酌彼兕觥　維以不永傷　　Wǒ gū zhuó bǐ sì gōng / wéi yǐ bù yǒng shāng

陟彼砠矣　我馬瘏矣　　　　　Zhì bǐ jū yǐ / wǒ mǎ tú yǐ
我僕痡矣　云何吁矣　　　　　Wǒ pú pū yǐ / yún hé xū yǐ

해제

후비(后妃)의 작으로 문왕이 조회(朝會)와 정벌(征伐)에 간 후, 멀리 바라보며 낭군이 돌아오기를 바라며 근심하는 마음을 읊었다. 지극히 정숙하고 한결같은(貞靜專一) 후비의 심덕(心德)을 볼 수 있다. 작법상 부(賦)로 분류하였다.

주석

采采(채채) : 캐고 또 캐다.
卷耳(권이) : 도꼬마리. 일명 영이(苓耳). 엉거시과에 속하는 일년초. 열매에 갈고리가 있어 사람 옷에 잘 붙음.
盈(영) : 차다. '滿'의 뜻.
頃筐(경광) : 한 쪽 운두는 높고 다른 쪽 운두는 낮은 대광주리.
嗟(차) : 감탄사. 懷人(회인) : 마음속으로 사람을 그리는 것. 「아아 님 그리다가」

寘(치) : 두다. '置'와 통함.

周行(주행) : 큰 길. 대도(大道).

陟(척) : 오르다. '升'의 뜻.

崔嵬(최외) : 꼭대기에 바위가 있는 높고 험한 흙산.

虺隤(회퇴) : 말이 지쳐 높은 곳에 오르지 못하는 병.

姑(고) : 잠깐. '且'의 뜻. 酌(작) : 술 따르다.

金罍(금뢰) : 구름과 천둥 무늬를 새긴 황금으로 장식한 술잔.

維(유) : 어조사. 永懷(영회) : 길이 생각하고 그리는 것.

岡(강) : 산마루.

玄黃(현황) : 검은 말이 심하게 병들어 털이 누렇게 변한 모양.

兕觥(시굉) : 쇠뿔로 만든 술잔. '兕'는 외뿔소. '觥'은 술잔.

傷(상) : 마음이 아픈 것. 「마음이 길이 아프지 않게 하려네」 혹은 「긴 시름 달래보려네」

砠(저) : 꼭대기가 흙으로 덮인 돌산.

瘏(도) : 말이 병나 못 걷는 것.

痡(부) : 사람이 병이나 못 걷는 것.

云何(운하) : '如何'의 뜻. 吁(우) : 근심으로 탄식하는 모양. 혹은 '盱(부릅뜰 우)'의 가차자로 보아 눈을 부릅뜨고 멀리 바라보는 것. 「아아 어쩌면 좋을까」 혹은 「어떻게 하면 님을 바라볼 수 있을까」

樛 木(jiū mù)

| 南有樛木 | 葛藟纍之 | Nán yǒu jiū mù / gé lěi léi zhī |
| 樂只君子 | 福履綏之 | Lè zhǐ jūn zǐ / fú lǚ suí zhī |

| 南有樛木 | 葛藟荒之 | Nán yǒu jiū mù / gé lěi huāng zhī |
| 樂只君子 | 福履將之 | Lè zhǐ jūn zǐ / fú lǚ jiāng zhī |

| 南有樛木 | 葛藟縈之 | Nán yǒu jiū mù / gé lěi yíng zhī |
| 樂只君子 | 福履成之 | Lè zhǐ jūn zǐ / fú lǚ chéng zhī |

해제

가지가 늘어진 나무는 후비를, 칡덩굴은 문왕의 후궁들을 가리킨다. 후비가 질투하지 아니하고 비천한 여자에까지 덕을 베푸는 것에 감복하여 후궁이 지은 것이다. 작법상 비(比)에 속한다.

주석

樛木(규목) : 가지가 굽어 밑으로 처진 나무.
葛藟(갈류) : 칡덩굴. 纍(류) : 얽히다.
只(지) : 어조사. 「즐거울 손 우리 님」

履(리) : 복록(福祿). '祿'의 뜻. 綏(수) : 편안하다. '安'의 뜻.
荒(황) : 덮다. '奄(가릴 엄)'의 뜻.
將(장) : 돕다. '助'의 뜻.
縈(영) : 둘둘 감다. '旋'의 뜻.
成(성) : 성취하다. '就'의 뜻.

桃 夭(táo yāo)

桃之夭夭	灼灼其華	Táo zhī yāo yāo / zhuó zhuó qí huā
之子于歸	宜其室家	Zhī zǐ yú guī / yí qí shì jiā
桃之夭夭	有蕡其實	Táo zhī yāo yāo / yǒu fén qí shí
之子于歸	宜其家室	Zhī zǐ yú guī / yí qí jiā shì
桃之夭夭	其葉蓁蓁	Táo zhī yāo yāo / qí yè zhēn zhēn
之子于歸	宜其家人	Zhī zǐ yú guī / yí qí jiā rén

해제

문왕의 덕화(德化)를 받아서 남녀백성이 다 성정(性情)이 바르게 되고 혼인의 시기를 잃지 않음을 칭송하였다. 작법상 흥(興)에 속한다.

Ⅰ. 국풍(國風) 31

夭夭(요요) : 싱싱하고 아름다운 모양.
灼灼(작작) : 꽃이 만발한 모양.
之子(지자) : 이 아가씨. '之'는 '是'의 뜻이고, '子'는 시집가는 여자
        를 가리킴. 歸(귀) : 시집가다. 「이 아가씨 시집가면」
宜(의) : 집안을 화목하게 하는 것.
室(실) : 부부가 사는 곳. 家(가) : 시집의 집안.
蕡(분) : 열매가 풍성한 모양.
家室(가실) : 앞의 '室家'와 같은 말.
蓁蓁(진진) : 잎이 무성한 모양.
家人(가인) : 시집의 집안 사람들.

芣 苢(fóu yǐ)

采采芣苢　薄言采之　Cǎi cǎi fóu yǐ / bó yán cǎi zhī
采采芣苢　薄言有之　Cǎi cǎi fóu yǐ / bó yán yǒu zhī

采采芣苢　薄言掇之　Cǎi cǎi fóu yǐ / bó yán duó zhī
采采芣苢　薄言捋之　Cǎi cǎi fóu yǐ / bó yán luō zhī

采采芣苢　薄言袺之　Cǎi cǎi fóu yǐ / bó yán jié zhī
采采芣苢　薄言襭之　Cǎi cǎi fóu yǐ / bó yán xié zhī

해제

태평성세에 여인들이 가사를 마치고 봄날 들판에 나가 나물을 캐는 평화로운 정경을 읊었다. 작법상 부(賦)에 속한다.

주석

采采(채채) : 캐고 또 캐는 것.
芣苢(부이) : 질경이. 일명 차전(車前). 길가에 흔히 나며 큰 잎과 긴 이삭이 달려 있다.
薄言(박언) : 발어사. 采(채) : 캐려고 찾기 시작하는 것.
有(유) : 캐서 얻는 것.
掇(철) : 줍다. '拾'의 뜻.
捋(랄) : 열매를 따는 것.
袺(결) : 옷에 물건을 담고 그 자락을 잡는 것.
襭(힐) : 옷에 물건을 담고 그 자락을 허리띠에 끼는 것.

漢 廣(Hàn guǎng)

南有喬木 不可休息	Nán yǒu qiáo mù / bù kě xiū xī
漢有游女 不可求思	Hàn yǒu yóu nǔ / bù kě qiú sī
漢之廣矣 不可泳思	Hàn zhī guǎng yǐ / bù kě yǒng sī

I. 국풍(國風) 33

| 江之永矣 | 不可方思 | Jiāng zhī yǒng yǐ / bù kě fāng sī |

翹翹錯薪	言刈其楚	Qiáo qiáo cuò xīn / yán yì qí chǔ
之子于歸	言秣其馬	Zhī zǐ yú guī / yán mò qí mǎ
漢之廣矣	不可泳思	Hàn zhī guǎng yǐ / bù kě yǒng sī
江之永矣	不可方思	Jiāng zhī yǒng yǐ / bù kě fāng sī

翹翹錯薪	言刈其蔞	Qiáo qiáo cuò xīn / yán yì qí lóu
之子于歸	言秣其駒	Zhī zǐ yú guī / yán mò qí jū
漢之廣矣	不可泳思	Hàn zhī guǎng yǐ / bù kě yǒng sī
江之永矣	不可方思	Jiāng zhī yǒng yǐ / bù kě fāng sī

해제

문왕의 덕이 멀리 교화되어 장강(長江)과 한수(漢水)에 노니는 여인이라도 예가 아니면 범할 수 없다. 작법상 흥(興)이면서 비(比)에 속한다.

주석

喬(교) : 위로만 솟고 가지가 없는 것.
息(식) : 한시(韓詩)에는 '思'로 표기됨. '思'는 어조사.
漢(한) : 한수(漢水). 섬서성(陝西省) 영강현(寧羌縣) 북쪽 번총산(幡冢山)에서 발원하여, 호북성(湖北省)을 관류(貫流)하는 양자강

(揚子江)의 지류.

游女(유녀) : 노니는 여자. 강한(江漢)의 풍속은 여자들이 강가로 나와
　　　　　노닐기를 좋아했다 함.

求(구) : 구하여 사랑하는 것. 思(사) : 어조사.

泳(영) : 헤엄치다.

江(강) : 강수(江水). 곧 장강(長江). 永(영) : 길다. '長'의 뜻.

方(방) : 뗏목을 타고 가는 것.

翹翹(교교) : 잡목이나 잡초가 더부룩이 자란 모양.

錯薪(착신) : 여러 가지 땔나무들. '錯'은 '雜'의 뜻.

言(언) : 어조사. 刈(예) : 풀이나 나무를 베다. 楚(초) : 싸리나무.

之子(지자) : 앞의 '游女'를 가리킴. 歸(귀) : 시집가다. 여기서는 자기
　　　　　에게로 시집오는 것.

秣(말) : 먹이다. '飼(먹일 사)'의 뜻. 馬(마) : 색시가 타고 올 말.

蔞(루) : 물쑥. 잎이 쑥 비슷하고 청백색이며 못 가운데서 자란다.

駒(구) : 망아지.

2. 소남(召南)

소남은 소목공(召穆公) 호(虎)가 지배하던 지역을 말한다. 시기상으로 주(周) 선왕(宣王) 시기에서 동주(東周) 초기(B.C. 820~780)에 지어진 시로 본다.

鵲 巢(què cháo)

維鵲有巢　維鳩居之　　Wéi què yǒu cháo / wéi jiū jū zhī
之子于歸　百兩御之　　Zhī zǐ yú guī / bǎi liàng yà zhī

維鵲有巢　維鳩方之　　Wéi què yǒu cháo / wéi jiū fāng zhī
之子于歸　百兩將之　　Zhī zǐ yú guī / bǎi liàng jiàng zhī

維鵲有巢　維鳩盈之　　Wéi què yǒu cháo / wéi jiū yíng zhī
之子于歸　百兩成之　　Zhī zǐ yú guī / bǎi liàng chéng zhī

해제

주남(周南)이 주로 문왕과 후비의 덕을 읊은 것이라면, 소남(召南)은 주로 제후와 대부의 부인들의 덕을 읊은 것이니 문왕과 후비의 덕이 남방 제후에 미친 것이다. 이 시에서 까치둥지는 남자가 일가를 이루기 위해 공덕을 쌓아 얻은 작위(爵位)를 비유하고, 비둘기는 시집가는 정숙한 여인을 비유한다. 작법상 흥(興)에 속한다.

주석

維(유) : 발어사. 鵲(작) : 까치. 巢(소) : 둥지.
鳩(구) : 비둘기. 일명 시구(鳲鳩) 혹은 길국(桔鞠). 이 새는 스스로 둥지를 틀지 못하고 까치가 만든 둥지에서 산다.
兩(량) : 한 채의 수레. 한 채의 수레는 바퀴가 두 개이기 때문에 이렇게 부른 것이다. 백량은 곧 백 채의 수레.
御(아) : 맞이하다. '迎'의 뜻.
方(방) : 차지하여 갖는 것.
將(장) : 배웅하다. '送'의 뜻.
盈(영) : 차다. '滿'의 뜻. 여기서는 비둘기들이 가득 날아와 사는 것.
成(성) : 성례(成禮). 곧 혼인의 예식을 지내는 것.

甘棠(gān táng)

蔽芾甘棠　勿翦勿伐　　Bì fèi gān táng / wù jiǎn wù fá
召伯所茇　　　　　　　Shào bó suǒ bá

蔽芾甘棠　勿翦勿敗　　Bì fèi gān táng / wù jiǎn wù bài
召伯所憩　　　　　　　Shào bó suǒ qì

蔽芾甘棠　勿翦勿拜　　Bì fèi gān táng / wù jiǎn wù bài
召伯所說　　　　　　　Shào bó suǒ shuì

해제

남쪽나라를 순행하면서 문왕의 정사(政事)를 편 소백(召伯)의 덕을 추모하며 칭송하였다. 작법상 부(賦)에 속한다.

주석

蔽芾(폐비) : 초목이 무성한 모양.
甘棠(감당) : 팥배나무. 아가위나무. 일명 두리(杜梨).
翦(전) : 가지나 잎을 자르는 것. 벌(伐) : 잔가지나 줄기를 자르는 것.
召伯(소백) : 주(周)나라의 소공(召公). 이름은 석(奭), 성은 희(姬). 茇
　　(발) : 초가(草家). 여기서는 그런 데서 쉬었다는 뜻. 소공은

남국을 두루 다니며 문왕(文王)의 덕정을 펴면서 팥배나무 아래에서 쉬기도 하였다. 그 후 사람들은 그의 덕을 사모하여 팥배나무를 애호했다 한다.

敗(패) : 꺾다. '折'의 뜻.
憩(게) : 쉬다.
拜(배) : 굽히다. '屈'의 뜻.
說(세) : 머물다. '舍'의 뜻.

行 露(háng lù)

厭浥行露　豈不夙夜	Yì yì háng lù / qǐ bù sù yè
謂行多露	Wèi háng duō lù
誰謂雀無角　何以穿我屋	Shuí wèi què wú jiǎo / hé yǐ chuān wǒ wū
誰謂女無家　何以速我獄	Shuí wèi rǔ wú jiā / hé yǐ sù wǒ yù
雖速我獄　室家不足	Suī sù wǒ yù / shì jiā bù zú
誰謂鼠無牙　何以穿我墉	Shuí wèi shǔ wú yá / hé yǐ chuān wǒ yōng
誰謂女無家　何以速我訟	Shuí wèi rǔ wú jiā / hé yǐ sù wǒ sòng
雖速我訟　亦不女從	Suī sù wǒ sòng / yì bù rǔ cóng

해제

　남쪽사람들이 소백의 교화를 따르고 문왕의 덕화에 순종하여 지난날의 음란한 습속을 고쳐나갔다. 그리하여 여인들은 예를 지키고 강포(强暴)한 데 물들지 않게 되니 소백의 정사를 칭송한 것이다. 작법상 제1장은 부(賦), 제2장과 제3장은 흥(興)에 속한다.

주석

厭浥(읍읍) : 촉촉하게 젖는 모양. 「촉촉이 내린 길 위의 이슬」
夙夜(숙야) : 밤낮으로. 여기서는 밤낮으로 당신 곁에 가고 싶다는 뜻.
謂(위) : 두렵다고 핑계 대는 것. '畏'의 뜻. 곧 나는 그대에게 가고 싶지만 길에 이슬이 많아 옷이 흠뻑 젖을까 두려워 갈 수 없다는 것으로 남자의 유혹을 완곡하게 거절하는 말이다. 「길에는 이슬이 많다지요!」
女(여) : 너. '汝'와 통함.
速獄(속옥) : 옥에 불려 나가는 것. '速'은 '召致'의 뜻.
室家(실가) : 집. 여기서는 남자의 집안.
不足(부족) : 혼례의 예가 갖추어지지 않은 것.
墉(용) : 담.
訟(송) : 송사(訟事).
女從(여종) : '從女'의 도치. 「역시 그대를 따를 수 없소이다」

摽有梅(biào yǒu méi)

摽有梅　其實七兮　　Biào yǒu méi / qí shí qī xī
求我庶士　迨其吉兮　　Qiú wǒ shù shì / dài qí jí xī

摽有梅　其實三兮　　Biào yǒu méi / qí shí sān xī
求我庶士　迨其今兮　　Qiú wǒ shù shì / dài qí jīn xī

摽有梅　頃筐墍之　　Biào yǒu méi / qǐng kuāng jì zhī
求我庶士　迨其謂之　　Qiú wǒ shù shì / dài qí wèi zhī

해제

남녀의 혼인은 그 알맞은 시기를 놓쳐서는 안 되는데 반드시 정숙(貞淑)과 신의(信義)를 바탕으로 한 중매이어야 한다. 작법상 부(賦)에 속한다.

주석

摽(표) : 떨어지다. '落'의 뜻.
實(실) : 여기서는 떨어지고 남은 열매를 가리킨다.
庶士(서사) : 여러 선비. '庶'는 '衆'의 뜻.
迨(태) : 미치다. '及'의 뜻. 여기서는 때를 놓치지 않는 것. 吉(길) :

길일.「길일을 놓치지 마소서」
今(금) : 오늘. 길일을 기다리지 말고 오늘 당장 맞이해 가라는 뜻.
頃筐(경광) : 한 쪽 운두는 높고 다른 쪽 운두는 낮은 대 광주리.
墍(기) : 취하다. '取'의 뜻. 여기서는 주워 담는 것.
謂(위) : 찾아와 언약하는 것.

小星(xiǎo xīng)

嘒彼小星	三五在東	Huì bǐ xiǎo xīng / sān wǔ zài dōng
肅肅宵征	夙夜在公	Sù sù xiāo zhēng / sù yè zài gōng
寔命不同		Shí mìng bù tóng
嘒彼小星	維參與昴	Huì bǐ xiǎo xīng / wéi shēn yǔ mǎo
肅肅宵征	抱衾與裯	Sù sù xiāo zhēng / bào qīn yǔ chóu
寔命不猶		Shí mìng bù yóu

해제

남국의 부인이 후비의 덕화를 받들어 투기하지 않고 자혜(慈惠)를 베푸니 중첩(衆妾)이 이를 찬미한 것이다. 중첩이 밤에 임금에게 나아갔다가 돌아오는 새벽길에 별을 보고 흥이 나서 읊은 것이다. 작법상 흥(興)에 속한다.

 주석

嘒(혜) : 빛이 희미한 모양.
三五(삼오) : 별이 듬성듬성 떠있는 모습으로 초저녁 혹은 동틀 무렵을 가리킨다.
肅肅(숙숙) : 총총 걸음으로 걷는 모양.
宵征(소정) : 밤길을 걷는 것. '宵'는 '夜', '征'은 '行'의 뜻.
夙夜(숙야) : 새벽과 밤. 여기서는 새벽에 퇴근하고 밤에 출근하는 것을 말한다. 公(공) : 공소(公所). 곧 군주가 계신 곳.
寔(식) : 진실로. 命(명) : 하늘이 부여한 본분. 팔자. 不同(부동) : 이 시를 노래한 천첩들의 팔자가 귀한 자의 부인과 다름을 말한 것이다.
維(유) : 발어사.
參昴(삼묘) : 이십 팔 수(宿) 중 서쪽 두 별자리의 별 이름.
衾(금) : 이불. 裯(주) : 홑이불.
猶(유) : 앞의 '同'과 같은 뜻.

江有汜(jiāng yǒu sì)

江有汜　之子歸　不我以　　Jiāng yǒu sì / zhī zǐ guī / bù wǒ yǐ
不我以　其後也悔　　　　　Bù wǒ yǐ / qí hòu yě huǐ

江有渚　之子歸　不我與　　Jiāng yǒu zhǔ / zhī zǐ guī / bù wǒ yǔ

不我與　其後也處　　　Bù wǒ yǔ / qí hòu yě chǔ

江有沱　之子歸　不我過　Jiāng yǒu tuó / zhī zǐ guī / bù wǒ guò
不我過　其嘯也歌　　　Bù wǒ guò / qí xiào yě gē

해제

정실(正室)이 시집가는데 첩을 시기하여 버리고 갔지만 첩이 원망하지 않으매 뉘우치고 첩을 데려가니 첩이 부른 노래이다. 작법상 흥(興)에 속한다.

주석

氾(사) : 물이 갈라졌다 다시 합치는 곳.
之子(지자) : 첩이 본처를 가리켜서 한 말. 歸(귀) : 시집가다.
我(아) : 첩 자신. 我以(아이) : 나를 데리고 함께 가는 것.
渚(저) : 물 가운데의 작은 섬으로 물이 갈리어 이뤄진다.
與(여) : 앞의 '以'와 같음.
處(처) : 함께 사는 것. 「뒤에는 함께 살 것이다」
沱(타) : 강물이 갈리는 곳.
過(과) : 집에 들러 함께 하는 것.
嘯(소) : 입을 오므리고 소리내어 분함을 토하는 것.

野有死麕(yě yǒu sǐ jūn)

野有死麕　白茅包之　　Yě yǒu sǐ jūn / bái máo baō zhī
有女懷春　吉士誘之　　Yǒu nǚ huái chūn / jí shì yòu zhī

林有樸樕　野有死鹿　　Lín yǒu pǔ sù / yě yǒu sǐ lù
白茅純束　有女如玉　　Bái máo tún shù / yǒu nǚ rú yù

舒而脫脫兮　無感我帨兮　Shū ér tuì tuì xī / wú gǎn wǒ shuì xī
無使尨也吠　　　　　　Wú shǐ máng yě fèi

해제

남자가 흰 띠풀로 녹피(鹿皮)를 싸서 주는 것은 최고의 예로서, 남녀의 혼인에 예를 지킨다는 것이다. 작법상 흥(興)에 속한다.

주석

死麕(사균) : 사냥하여 잡은 노루.
茅(모) : 띠풀. 包(포) : 싸다.
懷春(회춘) : 이성을 그리워하는 것. 사춘(思春).
吉士(길사) : 멋진 남자.
樸樕(복속) : 총생한 작은 나무.

純束(돈속) : 싸서 묶는 것. '純'은 '包'의 뜻.
如玉(여옥) : 용모가 옥처럼 아름다운 것.
舒(서) : 천천히 하다.
脫脫(태태) : 서둘지 않고 천천히 하는 모양.「천천히 서둘지 말고 하세요」
毋(무) : '勿'의 뜻. 感(감) : '動'의 뜻으로 건드리는 것.
帨(세) : 수건.
尨(방) : 삽살개. 吠(폐) : 개가 짖는 것.

何彼襛矣 (hé bǐ nóng yǐ)

何彼襛矣　唐棣之華　　Hé bǐ nóng yǐ / táng dì zhī huā
曷不肅雝　王姬之車　　Hé bù sù yōng / wáng Jī zhī jū

何彼襛矣　華如桃李　　Hé bǐ nóng yǐ / huā rú táo lǐ
平王之孫　齊侯之子　　Píng wáng zhī sūn / Qí hóu zhī zǐ

其釣維何　維絲伊緡　　Qí diào wéi hé / wéi sī yī mín
齊侯之子　平王之孫　　Qí hóu zhī zǐ / Píng wáng zhī sūn

 해제

공주가 제후에게 낮추어 시집가지만 교만하지 않고 겸양의 도가

있다. 작법상 흥(興)에 속한다.

주석

襛(농) : 꽃이 탐스럽게 활짝 피어 있는 모양.「어쩌면 저렇게 탐스러울까?」

唐棣(당체) : 사시나무. 6월에 오얏(李)과 비슷한 빨간 열매가 맺는다.

曷(갈) : 어찌.

肅雝(숙옹) : 삼가고 유화(柔和)로움. '肅'은 '敬', '雝'은 '和'의 뜻.

王姬(왕희) : 주나라 임금의 딸. 주나라는 희(姬) 성.

平王(평왕) : 평왕 의구(宜臼).

齊侯(제후) : 제나라 제후 양공 제아(襄公諸兒).

其·維(기·유) : 모두 어조사.

釣(조) : 물고기를 낚다.「물고기를 낚으려면 어떻게 하지?」

伊(이) : '維'와 같은 어조사.

緡(민) : 낚싯줄. 실을 꼬아 만드는 이것은 남녀가 혼인하여 결합하는 것에 비유.

3. 패풍(邶風)

　　주(周) 무왕(武王)이 은(殷)을 멸하고 은의 마지막 임금 주(紂)의 아들 무경(武庚)으로 하여금 은의 유민 지역을 다스리게 하였다. 그리고 그 지역을 삼분하여 무왕의 동생들인 관숙(管叔)과 채숙(蔡叔), 그리고 곽숙(霍叔)으로 하여금 감독케 하였으니, 무경의 지역을 패(邶), 관숙의 지역을 용(鄘), 그리고 채숙의 지역을 위(衛)라고 일컬었다. 이러한 삼감(三監)지역이 하남성(河南省) 일대에 해당되는데 시대가 흐름에 따라 패와 용의 국경이 없어지면서 위 지역이 된 것이다. 그러므로 패·용·위 삼풍(三風)은 위풍(衛風)으로 통칭하여 별도로 그 특성을 논하지 않아도 된다.

柏 舟(bó zhōu)

汎彼柏舟　亦汎其流　　Fàn bǐ bó zhōu / yì fàn qí liú
耿耿不寐　如有隱憂　　Gěng gěng bù mèi / rú yǒu yǐn yōu

微我無酒　以敖以遊　Wēi wǒ wú jiǔ / yǐ áo yǐ yóu

我心匪鑒　不可以茹　Wǒ xīn fěi jiàn / bù kě yǐ rú
亦有兄弟　不可以據　Yì yǒu xiōng dì / bù kě yǐ jù
薄言往愬　逢彼之怒　Bó yán wǎng sù / féng bǐ zhī nù

我心匪石　不可轉也　Wǒ xīn fěi shí / bù kě zhuǎn yě
我心匪席　不可卷也　Wǒ xīn fěi xí / bù kě juǎn yě
威儀棣棣　不可選也　Wēi yí dài dài / bù kě xuǎn yě

憂心悄悄　慍于羣小　Yōu xīn qiǎo qiǎo / yùn yú qún xiǎo
覯閔既多　受侮不少　Gòu mǐn jì duō / shòu wǔ bù shǎo
靜言思之　寤辟有摽　Jìng yán sī zhī / wù pì yǒu biào

日居月諸　胡迭而微　Rì jī yuè zhū / hú dié ér wēi
心之憂矣　如匪澣衣　Xīn zhī yōu yǐ / rú fěi huàn yī
靜言思之　不能奮飛　Jìng yán sī zhī / bù néng fèn fēi

해제

부인이 남편에게 소박맞고 중첩에게 학대를 받으니, 자신을 잣나무 배에 비유하여 읊었다. 작법상 제1장과 제5장은 비(比), 제2·3·4장은 부(賦)에 속한다.

汎(범) : 물위에 뜨는 모양.
柏舟(백주) : 잣나무 배.
汎(범) : 떠내려가는 모양.
耿耿(경경) : 걱정스런 모양.
隱憂(은우) : 아픈 시름. '隱'은 '痛'의 뜻.
微(미) : 아니다. '非'와 통함.
敖(오) : 노닐다. '遊'의 뜻.
匪(비) : 아니다. '非'와 통함.
鑒(감) : 거울.
茹(여) : 헤아리다. '度(헤아릴 탁)'의 뜻.
據(거) : 의지하다. '依'의 뜻.
薄言(박언) : 어조사.
愬(소) : 알리다. '告'의 뜻.
彼(피) : 형제를 가리킴.
轉(전) : 굴리다.
席(석) : 돗자리. 멍석.
卷(권) : 말다. '捲'과 같은 글자.
威儀(위의) : 의젓한 거동.
棣棣(태태) : 위의(威儀)에 익숙한 모양. 숙달한 모양.
選(선) : 가리다. 이 구절은 나의 용모와 행동은 하나같이 훌륭하여 가릴 것이 없다는 뜻.
悄悄(초초) : 근심하는 모양.
慍(온) : 성내다. 여기서는 미움을 사는 것. 羣小(군소) : 하찮은 무리.

중첩(衆妾)을 가리킴.

覯(구) : 만나다. 당하다. '見'의 뜻. 閔(민) : 병. 아픈 일.
靜(정) : 조용히. 言(언) : 어조사.
辟(벽) : 가슴을 치다. '擗(가슴 칠 벽)'과 같은 글자.
摽(표) : 두드리다. '有摽'는 '摽然'과 같은 말로 가슴을 두드리는 모양.
居·諸(거·저) : 모두 어조사.
胡(호) : 어찌. 迭(질) : 번갈아 들다. '更'의 뜻. 微(미) : 이지러지다. '虧(이지러질 휴)'의 뜻.
澣(한) : 빨래하다. 匪澣衣(비한의)는 때에 절은 빨지 않은 옷. 마음이 우울하고 언짢은 것에 비유.
奮飛(분비) : 새가 날개를 치며 날아가는 것.

日 月(rì yuè)

日居月諸　照臨下土　　Rì jī yuè zhū / zhào lín xià tǔ
乃如之人兮　逝不古處　Nǎi rú zhī rén xī / shì bù gǔ chǔ
胡能有定　寧不我顧　　Hú néng yǒu dìng / nìng bù wǒ gù

日居月諸　下土是冒　　Rì jī yuè zhū / xià tǔ shì mào
乃如之人兮　逝不相好　Nǎi rú zhī rén xī / shì bù xiāng hào
胡能有定　寧不我報　　Hú néng yǒu dìng / nìng bù wǒ bào

日居月諸　出自東方　　Rì jī yuè zhū / chū zì dōng fāng

乃如之人兮　德音無良　　Nǎi rú zhī rén xī / dé yīn wú liáng
胡能有定　俾也可忘　　Hú néng yǒu dìng / bǐ yě kě wàng

日居月諸　東方自出　　Rì jī yuè zhū / dōng fāng zì chū
父兮母兮　畜我不卒　　Fù xī mǔ xī / xù wǒ bù zú
胡能有定　報我不述　　Hú néng yǒu dìng / bào wǒ bù shù

해제

위(衛)나라 장강(莊姜)이 남편 장공(莊公)을 위해 정성을 다 했으나 사랑 받지 못하고 버림받은 것을 노래한 것이다. 작법상 부(賦)에 속한다.

주석

居·諸(거·저) : 모두 어조사.
下土(하토) : 하늘 아래 온 누리. 상천(上天)에 대해 일컬은 것임.
之人(지인) : 이 사람. '之'는 '是'의 뜻. 남편을 가리킴.
逝(서) : 발어사. 古處(고처) : 옛날처럼 잘 지내며 사는 것. 「옛날처럼 살려하지 않네요」
胡(호) : 어찌. '何'의 뜻. 定(정) : 마음을 안정시키는 것.
寧(녕) : 어찌.
冒(모) : 덮다. '覆'의 뜻. 여기서는 두루 비치는 것.
相好(상호) : 서로가 좋아라 하며 위해 주는 것. 앞의 '古處'와 같음.
報(보) : 보답하다.

德音(덕음) : 아름답게 말하는 것.
無良(무량) : 사실을 추하게 하는 것. 곧 말은 그럴 듯한데 행실은 그렇지 못한 것.
俾(비) : 하여금. '使'의 뜻.
父兮母兮(부혜모혜) : 걱정이나 아픔이 극에 달할 때 외치는 말.「아버지! 어머니!」
畜(휵) : 기르다. '慉(기를 휵)'과 같은 글자.
卒(졸) : 끝까지. '終'의 뜻.「어찌 끝까지 길러 주지 않으시나요?」
不述(불술) : 의리를 따르지 않음. '述'은 '循(좇을 순)'의 뜻.

終 風(zhōng fēng)

終風且暴　顧我則笑　　Zhōng fēng qiě bào / gù wǒ zé xiào
謔浪笑敖　中心是悼　　Xuè làng xiào áo / zhōng xīn shì dào

終風且霾　惠然肯來　　Zhōng fēng qiě mái / huì rán kěn lái
莫往莫來　悠悠我思　　Mò wǎng mò lái / yōu yōu wǒ sī

終風且曀　不日有曀　　Zhōng fēng qiě yì / bù rì yǒu yì
寤言不寐　願言則嚏　　Wù yán bù mèi / yuàn yán zé tì

曀曀其陰　虺虺其雷　　Yì yì qí yīn / huǐ huǐ qí léi
寤言不寐　願言則懷　　Wù yán bù mèi / yuàn yán zé huái

Ⅰ. 국풍(國風) 53

해제

장강(莊姜)이 방탕하고 난폭한 장공(莊公)의 뜻을 거슬릴까 염려하여 비, 바람, 우뢰에 비유하여 읊었다. 작법상 비(比)에 속한다.

주석

終風(종풍) : 종일 부는 바람. 暴(포) : 세차다. '疾'의 뜻.
顧(고) : 돌아보다. 고소(顧笑)는 돌아보며 비웃는 것.
謔(학) : 웃음거리로 실없이 하는 말. '戲言(희언)'의 뜻.
浪(랑) : 멋대로 지껄이는 것.
笑敖(소오) : 비웃으며 조롱하는 것. 「실없이 지껄이고 조롱만 하니」
中心(중심) : 마음 속.
悼(도) : 마음이 아픈 것. '傷'의 뜻.
霾(매) : 흙비.
惠然(혜연) : 호의를 보이는 모양.
莫(막) : '不'의 뜻. 이 구절은 오는지 안 오는지 알 수 없다는 뜻.
悠悠(유유) : 생각이나 시름이 끝없는 모양.
曀(에) : 날씨가 음산하고 바람 부는 모양.
不日(불일) : 하루를 넘기지 못하는 것. 곧 하루가 가기 전에. 有(유) :
　　　　　또. '又'와 뜻이 같음.
言(언) : 어조사. 不寐(불매) : 잠에서 깨면 다시 잠 오지 않는다는 뜻.
嚏(체) : 재채기. 여기서는 가슴이 답답해진다는 뜻.
曀曀(에에) : 날씨가 음산한 모양.
虺虺(훼훼) : 천둥소리. 우르릉. 꽈르릉.

懷(회) : 근심스러운 것.

擊 鼓(jī gǔ)

| 擊鼓其鏜 踊躍用兵 | Jī gǔ qí tāng / yǒng yuè yòng bīng |
| 土國城漕 我獨南行 | Tǔ guó chéng Cáo / wǒ dú nán xíng |

| 從孫子仲 平陳與宋 | Cóng Sūn zǐ zhòng / píng Chén yǔ Sòng |
| 不我以歸 憂心有忡 | Bù wǒ yǐ guī / yōu xīn yǒu chōng |

| 爰居爰處 爰喪其馬 | Yuán jū yuán chǔ / yuán sàng qí mǎ |
| 于以求之 于林之下 | Yú yǐ qiú zhī / yú lín zhī xià |

| 死生契闊 與子成說 | Sǐ shēng qiè kuò / yǔ zǐ chéng shuō |
| 執子之手 與子偕老 | Zhí zǐ zhī shǒu / yǔ zǐ xié lǎo |

| 于嗟闊兮 不我活兮 | Xū jiē kuò xī / bù wǒ huó xī |
| 于嗟洵兮 不我信兮 | Xū jiē xùn xī / bù wǒ xìn xī |

해제

종군 나간 위(衛)나라 병사가 부른 노래. 주희(朱熹)의 주(注)에 의하면, 춘추(春秋) 은공(隱公) 4년에 위(衛)의 주우(州吁)가 환공(桓公)을 죽이고 왕이 되어 송(宋)·진(陳)·채(蔡) 등의 나라를 합병하여

정(鄭)나라를 정벌한 일이 있는데, 그 때를 말한 것이라는 설도 있다. 작법상 부(賦)에 속한다.

 주석

鐘(당) : 북소리. 둥둥.
踊躍(용약) : 뛰어 일어나 치고 찌르는 모양. 用兵(용병) : 병기를 쓰는 것.
土(토) : 토목공사. 國(국) : 도성. 城(성) : 축성(築城)의 뜻. 漕(조) : 위(衛)나라 고을이름. 「남들은 도성에서 흙일하고 조 땅에서 성 쌓는데」
南行(남행) : 남쪽으로 전쟁하러 가는 것을 말한다.
孫子仲(손자중) : 공손 문중(公孫文仲). 위(衛)나라 장수이름.
平(평) : 강화(講和)하는 것. 춘추(春秋) 은공(隱公) 4년에 주우(州吁)가 자립(自立)할 때 송(宋)·위(衛)·진(陳)·채(蔡)나라가 정(鄭)나라를 친 일이 있는데, 이로 말미암아 숙원(宿怨)이던 송·진나라의 사이가 좋아졌다 한다.
以(이) : 함께. '與'의 뜻. 以歸는 함께 돌려 보내주는 것.
忡(충) : 근심하다. 걱정하다. '憂'의 뜻.
爰(원) : 이에. 여기에. '於是'의 뜻. 이 구절은 '於是居, 於是處'의 뜻으로 여기저기에 흩어져 지내는 것을 말한다.
喪(상) : 잃다. '亡'의 뜻.
于以(우이) : 그리하여.
契闊(결활) : 멀리 떨어지는 것. 「살고 죽어 멀리 떨어져도」
子(자) : 그대. 당신. 집에 두고 온 아내를 지칭.

成說(성설) : 서로 잊거나 버리지 말자고 언약한 것. 「당신과 함께
  하기로 약속했지」
偕老(해로) : 함께 늙어 가는 것.
于嗟(우차) : 탄식하는 말. 于는 '吁(탄식할 우)'와 통함.
闊(활) : 앞의 '契闊(계활)'과 같은 말. 「아아! 멀리 떨어져 있어」
活(활) : 다시 만나 함께 사는 것.
洵(순) : 멀다. '遠'의 뜻. 여기서는 멀리 떠나 있는 것.
信(신) : 약속을 이행하는 것. 「우리 약속 이룰 길 없네」

凱風(kǎi fēng)

凱風自南　吹彼棘心　Kǎi fēng zì nán / chuī bǐ jí xīn
棘心夭夭　母氏劬勞　Jí xīn yāo yāo / mǔ shì qú láo

凱風自南　吹彼棘薪　Kǎi fēng zì nán / chuī bǐ jí xīn
母氏聖善　我無令人　Mǔ shì shèng shàn / wǒ wú lìng rén

爰有寒泉　在浚之下　Yuán yǒu hán guān / zài Jùn zhī xià
有子七人　母氏勞苦　Yǒu zǐ qī rén / mǔ shì láo kǔ

睍睆黃鳥　載好其音　Xiàn huǎn huáng niǎo / zài hào qí yīn
有子七人　莫慰母心　Yǒu zǐ qī rén / mò wèi mǔ xīn

I. 국풍(國風) 57

해제

일곱 형제를 둔 어머니가 행실이 좋지 아니하매 오히려 어버이를 잘 섬기지 못한 탓이라 하여 자식들이 효심으로 자책하여 부른 노래. 작법상 제1장은 비(比), 제2·3·4장은 흥(興)에 속한다.

주석

凱風(개풍) : 남풍. 어머니의 사랑에 비유한 말.
棘心(극심) : 대추나무의 어린 순. 어렸을 때의 형제들에 비유한 말.
夭夭(요요) : 싱싱하고 아름다운 모양.
母氏(모씨) : 어머니.
劬勞(구로) : '病苦'의 뜻으로 고생을 무척 많이 한 것.
薪(신) : 땔나무로 할 만큼 크게 자란 나무 줄기. 장성한 형제들에 비유한 말.
聖善(성선) : 예지 있고 훌륭하다.
我(아) : 우리 형제. 令人(영인) : 훌륭한 자식. '令'은 '善'의 뜻.
爰(원) : 이에. 寒泉(한천) : 시원한 샘물.
浚(준) : 위(衛)나라 고을 이름.
睍睆(현환) : 아름다운 모양. 목소리가 청아하고 아름다운 모양.
載(재) : 어조사. 好其音(호기음) : 좋은 소리로 사람 마음을 즐겁게 해 주는 것.

雄 雉(xióng zhì)

雄雉于飛　泄泄其羽　Xióng zhì yú fēi / yì yì qí yǔ
我之懷矣　自詒伊阻　Wǒ zhī huái yǐ / zì yí yī zǔ

雄雉于飛　下上其音　Xióng zhì yú fēi / xià shàng qí yīn
展矣君子　實勞我心　Zhǎn yǐ jūn zǐ / shí láo wǒ xīn

瞻彼日月　悠悠我思　Zhān bǐ rì yuè / yōu yōu wǒ sī
道之云遠　曷云能來　Dào zhī yún yuǎn / hé yún néng lái

百爾君子　不知德行　Bǎi ěr jūn zǐ / bù zhī dé xíng
不忮不求　何用不臧　Bù zhī bù qiú / hé yòng bù zāng

해제

위(衛)나라 선공(宣公)이 백성을 돌보지 않고 주색에만 빠져 있고, 전장에 나간 병사가 돌아오지 못하니, 이에 한 부인이 낭군을 생각하며 부른 노래. 작법상 제1·2장은 흥(興), 제3·4장은 부(賦)에 속한다.

雄稚(웅치) : 수꿩. 장끼. 于(우) : 어조사.
泄泄(예예) : 느리게 나는 모양 혹은 날개 치는 모양.
懷(회) : 그리다. '思'의 뜻.
詒(이) : 주다. 끼치다.
阻(조) : 떨어지다. '隔'의 뜻.
展(전) : 진실로. '誠'의 뜻. 君子(군자) : 남편을 가리킴.
勞(로) : 괴롭히다.
瞻(첨) : 보다. '見'의 뜻.
悠悠(유유) : 그리움이나 시름이 끝없는 모양.
云(운) : 어조사. 「길은 먼데」
曷(갈) : 어찌. 언제. 來(래) : 돌아오다.
百爾(백이) : 여러 당신들. '百'은 '凡', '爾'는 '汝'의 뜻. 君子(군자) :
    남편을 포함한 세상의 남자들.「세상의 남정네들이여」
不知(부지) : '豈不知'의 뜻.「어찌 덕행을 모르는가?」
忮(기) : 해치다. '害'의 뜻. 求(구) : 탐내다. '貪'의 뜻.「남을 해치지
    않고 탐내지 않는다면」
何用(하용) : 무엇을 하든. '何所爲'의 뜻.
臧(장) : 좋다. '善'의 뜻.「무엇을 하든 잘못이 있겠나이까?」

谷 風(gǔ fēng)

習習谷風	以陰以雨	Xí xí gǔ fēng / yǐ yīn yǐ yǔ
黽勉同心	不宜有怒	Mǐn miǎn tóng xīn / bù yí yǒu nù
采葑采菲	無以下體	Cǎi fēng cǎi fēi / wú yǐ xià tǐ
德音莫違	及爾同死	Dé yīn mò wéi / jí ěr tóng sǐ
行道遲遲	中心有違	Xíng dào chí chí / zhōng xīn yǒu wéi
不遠伊邇	薄送我畿	Bù yuǎn yī ěr / bó sòng wǒ jī
誰謂荼苦	其甘如薺	Shuí wèi tú kǔ / qí gān rú jì
宴爾新昏	如兄如弟	Yàn ěr xīn hūn / rú xiōng rú dì
涇以渭濁	湜湜其沚	Jīng yǐ Wèi zhuó / shí shí qí zhǐ
宴爾新昏	不我屑以	Yàn ěr xīn hūn / bù wǒ xiè yǐ
毋逝我梁	毋發我笱	Wú shì wǒ liáng / wú fā wǒ gǒu
我躬不閱	遑恤我後	Wǒ gōng bù yuè / huáng xù wǒ hòu
就其深矣	方之舟之	Jiù qí shēn yǐ / fāng zhī zhōu zhī
就其淺矣	泳之游之	Jiù qí qiǎn yǐ / yǒng zhī yóu zhī
何有何亡	黽勉求之	Hé yǒu hé wú / mǐn miǎn qiú zhī
凡民有喪	匍匐救之	Fán mín yǒu sāng / pú fú jiù zhī
不我能慉	反以我爲讎	Bù wǒ néng xù / fǎn yǐ wǒ wéi chóu
旣阻我德	賈用不售	Jì zǔ wǒ dé / gǔ yòng bù shòu

昔育恐育鞠	及爾顚覆	Xī yù kǒng yù jū / jí ěr diān fù
旣生旣育	比予于毒	Jì shēng jì yù / bǐ yú yú dú

我有旨蓄	亦以御冬	Wǒ yǒu zhǐ xù / yì yǐ yù dōng
宴爾新昏	以我御窮	Yàn ěr xīn hūn / yǐ wǒ yù qióng
有洸有潰	旣詒我肄	Yǒu guāng yǒu kuì / jì yí wǒ yì
不念昔者	伊余來墍	Bù niàn xī zhě / yī yú lái jì

해제

남편에게 버림받은 아내가 지은 시이다. 비원(悲怨)의 정(情)을 서술하고 있는데 음양이 조화를 이루어 비가 내리는 것은 마치 부부가 화합하여 가도(家道)가 서는 것과 같다. 작법상 제1장은 비(比), 제2장은 부(賦)와 비(比), 제3장은 비(比), 제4장은 흥(興), 제5장은 부(賦), 제6장은 흥(興)에 속한다.

주석

習習(습습) : 바람이 부드럽게 부는 모양. 谷風(곡풍) : 동풍.
以(이) : 이에. '乃'의 뜻. 「흐렸다 비 왔다 하네」
黽勉(민면) : 힘쓰는 것. '黽'은 '勉'의 뜻. 同心(동심) : 한 마음으로 살아온 사이라는 뜻. 「힘써 한 마음으로 살아온 사이니」
不宜(불의) : 해서는 안 됨.
葑(봉) : 순무. 菲(비) : 무. 줄기가 굵고 잎사귀가 두텁고 길며 털이 나 있다. 순무와 무는 밑둥과 줄기를 다 먹을 수 있다. 그러나 이따금 밑둥은 좋은 것도 있고 나쁜 것도 있다.

下體(하체) : 뿌리. 이 구절은 무 밑둥이 나쁘다 하여 줄기마저 맛 없다고 버려서는 안 된다는 뜻. 부부간에 있어 남편은 자기의 아내가 나이 들어 얼굴이 쇠해졌다 하여 결혼할 때의 훌륭한 언약을 저버리고 딴 짓을 해서는 안됨을 말한 것이다.

德音(덕음) : 결혼할 때 부부가 나눈 언약. 違(위) : 어기다.

及(급) : 함께. 더불어. '與'의 뜻. 同死(동사) : 고락을 함께 하다 죽기로 한 약속.

行道(행도) : 남편에게 버림받아 집을 나서 길 가는 것.

遲遲(지지) : 발걸음이 더딘 모양.

中心(중심) : 심중. 違(위) : '相背'의 뜻으로 서로 어긋나는 것. 곧 발은 앞으로 나아가려 하는데 마음은 그 같지 않다는 뜻.

伊(이) : 어조사. 邇(이) : 가깝다. '近'의 뜻. 「멀리가 아니라 가까이서」

薄(박) : 어조사. 畿(기) : '門內'의 뜻. 「그것도 문안에서 나를 내보냈네」

荼(도) : 씀바귀. 苦(고) : 쓰다.

薺(제) : 냉이. 「냉이처럼 달기만 하네」 곧 버림받은 자신의 고통이 씀바귀 맛보다 더 심함을 강조한 것이다.

宴(연) : 즐기다. '樂'의 뜻. 爾(이) : 너. 그대. 자기를 버린 전 남편을 가리킴. 昏(혼) : '婚'과 같은 글자. 「그대는 신혼 즐거움에 빠져」

如兄如弟(여형여제) : 새 각시와 형제처럼 지내는 것.

涇・渭(경・위) : '涇'은 경수(涇水). 감숙성(甘肅省)에서 발원하여 섬서성(陝西省)의 위수(渭水)에 흘러드는 강. '渭'는 위수(渭水). 감숙성 위원현(渭源縣)의 서북 조서산(鳥鼠山)에서 발원하여 섬서성을 거쳐 낙수(洛水)와 합류하여 황하(黃河)로 흘러듦. 예로부터 경수는 탁류(濁流), 위수는 청류(淸流)인 데서 사물의 구별이 확실함을 나타낼 때 이 말이 쓰였음.

湜湜(식식) : 맑은 모양. **沚**(지) : 물가. 경수가 위수에 흘러들기 전엔 흐려서 강바닥이 잘 보이지 않고 그러다가 두 강물이 만나면 청탁이 한층 분명해지지만 그것이 물가 쪽으로 빠져 완만히 흐르다 보면 맑은 곳이 생기기도 한다. 부인은 이를 빌어 용모가 쇠해진 자신이 새 각시에 비한다면 초췌할 테지만 마음가짐만은 결코 새 각시에 뒤지지 않음을 나타낸 것이다.

不我屑以(불아설이) : 나를 더럽다고 함께 하지 않는 것. 혹은 나를 거들떠보지 않는 것. '屑'은 '潔', '以'는 '與'의 뜻.

逝(서) : 가다. '之'의 뜻. **梁**(량) : 어살. 돌로 물결을 막고 가운데는 터서 물고기가 오가게 함.

發(발) : 물건을 들추는 것.

笱(구) : 통발. 대나무로 만들며 어살의 빈 공간에 대어 고기를 잡음. 앞의 어살은 부인이 이룩해 놓은 남자의 집안을, 통발은 자기가 하던 그 집안의 일에 비유한 것이다.

躬(궁) : 몸. **閱**(열) : 용납하다. '容'의 뜻으로 여기서는 용납되는 것.

遑(황) : 겨를. 경황. '暇'의 뜻.

恤(휼) : 걱정하다. **我後**(아후) : 내가 떠난 뒤의 일. 「뒷일을 걱정할 겨를이 있으랴!」

就(취) : 나아가다. **深**(심) : 깊은 물. 「깊은 물에 가게 되면」

方(방) : 뗏목.

泳(영) : 자맥질하다.

游(유) : 헤엄치다. 이 구절은 온갖 고생을 다해 집안 살림을 꾸려나
간 것을 말함.
亡(무) : 없다. '無'의 뜻. 「무엇이 있고 무엇이 없든 따지지 않고」
黽勉(민면) : 힘쓰다. '黽'은 '勉'의 뜻. 求之(구지) : 살림 꾸려나가기
에 힘썼다는 뜻.
凡民(범민) : 여기서는 이웃 동네 사람들을 말함. 喪(상) : 상사(喪事)
와 같은 불행한 일.
匍匐(포복) : 손발을 다 쓰며 황급히 서두르는 것. 「손발 벗고 나서
도왔네」
慉(훅) : 기르다. '養'의 뜻.
反(반) : 도리어. 讎(수) : 원수.
阻(조) : 물리치다. '却(물리칠 각)'의 뜻. 我德(아덕) : 나의 좋은 점.
賈(고) : 장사. 여기서는 '賣'의 뜻으로 물건을 파는 것.
售(수) : 팔리다. 「팔아도 팔리지 않는 물건 같은 신세.」
育(육) : 생활을 하는 것. '爲生'의 뜻.
育鞫(육국) : 생계가 궁핍해지는 것. '鞫'은 '窮'의 뜻. 「옛날 살림할 때엔
생계가 궁해질까 두려워」
顚覆(전복) : 모진 고생을 다하는 것.
旣生旣育(기생기육) : 살림이 넉넉해져 살만하게 된 것을 말함.
毒(독) : 독벌레.
旨(지) : 맛있다. '美'의 뜻. 여기서는 맛있는 나물을 가리킴.
蓄(축) : 쌓아 모아두는 것.
御冬(어동) : 겨울을 나기 위해 대비하는 것. '御'는 '禦(막을 어)'와 같
은 글자.
以(이) : 쓰다. '用'의 뜻. 이 구절은 나를 이용해서 곤궁한 때를 넘기

고 그리하여 살만하니까 나를 버렸다는 뜻.
洸(광) : 사나운 모양. 潰(궤) : 성난 얼굴.
詒(이) : 주다. '遺'의 뜻. 肄(이) : 고생. '勞'의 뜻.「내게 고생만 시켰네」
伊(이) : 어조사. 來(래) : 역시 어조사. 어기를 강화시켜 줌. 堅(기) : 쉬다. '息'의 뜻. 이 구절은 소박맞은 내가 남편을 처음 만났을 때 나를 알뜰하게 대하던 일을 지금 생각하면 원망이 더욱 깊어진다는 뜻.

式 微(shì wēi)

式微式微　胡不歸　　Shì wēi shì wēi / hú bù guī
微君之故　胡爲乎中露　Wēi jūn zhī gù / hú wéi hū zhōng lù

式微式微　胡不歸　　Shì wēi shì wēi / hú bù guī
微君之躬　胡爲乎泥中　Wēi jūn zhī gōng / hú wéi hū ní zhōng

해제

여(黎)나라 임금이 오랑캐에게 나라를 빼앗기고 위(衛)나라에 가서 구원을 청하였으나, 도와줄 뜻이 보이지 않으므로 이에 종신(從臣)들이 돌아갈 것을 권했다. 여나라는 지금의 산서성(山西省) 장야현(長冶縣) 서방 일대에 있었던 소국이다. 작법상 부(賦)에 속한다.

 주석

式(식) : 발어사. 微(미) : 쇠미(衰微)의 뜻.
胡(호) : 어찌(何).
微(미) : 아니다. '非'와 통함. 故(고) : 때문.
胡爲(호위) : 무엇 때문에. '何爲'와 같음.
中露(중로) : '露中'의 뜻. 이슬에 흠뻑 젖는 수모가 있어도 보호받을 데가 없는 것을 말함. 구설(舊說)에 의하면, "여나라 제후가 나라 잃고 위나라에 가서 사는데 그의 신하들이 귀국을 권하며 쇠미하고 쇠미해졌는데 어찌 돌아가지 않습니까? 우리가 임금님 때문이 아니라면 무엇 때문에 여기서 수모를 겪겠습니까?" 하고 말했다 한다.
躬(궁) : 몸. 혹은 '窮'과 통하는 것으로 보기도 함.
泥中(이중) : 환난이 있어도 구원받지 못하는 것을 말함.

泉 水(Quán shuǐ)

毖彼泉水	亦流于淇	Bì bǐ Quán shuǐ / yì liú yú Qí
有懷于衛	靡日不思	Yǒu huái yú Wèi / mǐ rì bù sī
孌彼諸姬	聊與之謀	Luán bǐ zhū jī / liáo yǔ zhī móu
出宿于泲	飮餞于禰	Chū sù yú Jǐ / yǐn jiàn yú Nǐ
女子有行	遠父母兄弟	Nǚ zǐ yǒu xíng / yuǎn fù mǔ xiōng dì

問我諸姑　遂及伯姊　　Wèn wǒ zhū gū / suì jí bó zǐ

出宿于干　飮餞于言　　Chū sù yú Gān / yǐn jiàn yú Yán
載脂載舝　還車言邁　　Zài zhī zài xiá / xuán jū yán mài
遄臻于衛　不瑕有害　　Chuán zhēn yú Wèi / bù xiá yǒu hài

我思肥泉　茲之永歎　　Wǒ sī Féi quán / zī zhī yǒng tàn
思須與漕　我心悠悠　　Sī Xū yǔ Cáo / wǒ xīn yōu yōu
駕言出遊　以寫我憂　　Jià yán chū yóu / yǐ xiě wǒ yōu

해제

제후국에 시집간 위(衛)나라의 여인이 부모상을 당하여 친정에 돌아가고픈 심정을 읊었다. 작법상 제1장은 흥(興), 다음은 모두 부(賦)에 속한다.

주석

毖(비) : 샘물이 처음 나오는 모양. 泉水(천수) : 위주(衛州) 공성(共城)의 백천(百泉)을 가리킴.

淇(기) : 기수(淇水). 하남성(河南省) 상주(相州) 임려현(林慮縣)에서 발원하여, 동쪽으로 흐름. 천수(泉水)는 서북쪽에서 동남쪽으로 흐르다가 기수(淇水)와 합류함.

懷(회) : 그리다. '思'의 뜻. 「위나라가 그리워」위(衛)는 이 시를 읊은 여인의 출신지.

靡(미) : 없다. '無'의 뜻. 「하루도 생각 않는 날이 없다」

孌(련) : 아름다운 모양.

諸姬(제희) : 위(衛)나라 여인이 시집올 때 데려온 동성(同姓)의 여인들.

聊(료) : 애오라지. 之(지) : '諸姬'를 가리킴.

謀(모) : 위(衛)나라에 돌아갈 방법을 상의하는 것.

出宿(출숙) : 나와서 묵는 것. 泲(제) : 땅 이름. 지금의 하남성(河南省) 준현(浚縣)과 활현(滑縣) 일대.

飮餞(음전) : 옛날에 여행을 떠나는 사람은 반드시 길의 신에게 제사 지내고 제사가 끝나면 배웅 나온 사람들과 이별주를 마신 뒤 떠났다.

禰(녜) : 땅 이름. 지금의 산동성(山東省) 하택현(荷澤縣) 서쪽. 앞의 '泲(제)'와 함께 위나라 여인이 시집올 때 경유한 곳.

行(행) : 출가(出嫁)하는 것.

問(문) : 물어보다. 출가한 여인으로서 친정으로 돌아가도 괜찮은지 물어본다는 뜻.

提姑(제고) : 여러 고모. 여자란 출가하면 부모형제와 멀어지게 되고 더욱이 부모가 돌아가셨으면 친정으로 돌아가는 일이 허락되지 않는다. 정씨(鄭氏)는 "제후 부인은 부모가 살아 계시면 뵈러 갈 수 있지만, 돌아가시면 대부를 보내 형제에게 문안한다."고 했다.

伯姊(백자) : 큰언니.

干(간) : 땅 이름.

言(언) : 땅 이름. 대략 지금의 하남성(河南省) 허창현(許昌縣)과 기현(淇縣) 사이에 있었음. 앞의 '干'과 함께 위나라로 가려면 거쳐야 하는 곳.

載(재) : 어조사. 脂(지) : 수레바퀴가 잘 굴러가도록 굴대에 기름을 치는 것.
舝(할) : 굴대 빗장. 수레바퀴의 가운데 구멍에 끼우는 긴 쇠나 나무로 수레를 탈 때는 꽂고 타지 않을 때는 빼어둠. '轄(비녀장할)'과 통함.
還(선) : '回旋'의 뜻으로 시집올 때 타고 온 수레를 되돌리는 것. 곧 수레를 몰아 위나라로 돌아간다는 뜻. 言(언) : 어조사. 邁(매) : 달려가다.
遄(천) : 빠르다. '疾'의 뜻.
臻(진) : 이르다. '至'의 뜻.「곧 바로 위나라에 다다를 테지만」
瑕(하) : 어찌. '何'와 통함.
害(해) : 도리에 어긋나는 것. 이 때문에 여인은 망설이며 돌아가지 못하고 있다.「어찌 도리에 어긋나지 않으랴?」
肥泉(비천) : 물 이름. 여인이 시집올 때 건넜던 곳.
永歎(영탄) : 긴 한숨.
須·漕(수·조) : 모두 위(衛)나라 고을 이름. 지금의 하남성(河南省) 활현(滑縣) 동남쪽에 있었음. 위나라에서 시집올 때 경유한 곳.
悠悠(유) : 그리움이나 시름이 끝없는 모양.
駕(가) : 수레를 타다. '乘'의 뜻. 言(언) : 어조사.
出遊(출유) : 밖으로 나와 노닐다.
寫(사) : 해소하다. '除'의 뜻.

靜女(jìng nǔ)

靜女其姝　俟我於城隅　　Jìng nǔ qí shū / sì wǒ yú chéng yú
愛而不見　搔首踟躕　　　Ài ér bù jiàn / sāo shǒu chí chú

靜女其孌　貽我彤管　　　Jìng nǔ qí luán / yí wǒ tóng guǎn
彤管有煒　說懌女美　　　Tóng guǎn yǒu wěi / yuè yì nǔ měi

自牧歸荑　洵美且異　　　Zì mù guī tí / xún měi qiě yì
匪女之爲美　美人之貽　　Fěi rǔ zhī wéi měi / měi rén zhī yí

해제

위(衛)나라 임금이 음탕하므로 백성도 음란함을 읊었다. 정녀(靜女)란 정숙한 의미가 아니라, 단지 용모만이 아름답다는 것이다. 작법상 제1·2장은 부(賦), 제3장은 흥(興)에 속한다.

주석

靜女(정녀) : 얌전한 아가씨.
姝(주) : 얼굴이 아름다운 것.
俟(사) : 기다리다.
城隅(성우) : 성 모퉁이.
不見(불견) : 기다려도 오지 않는 것. 「사랑해도 만나지 못하여」

搔首(소수) : 머리를 긁다.

踟躕(지주) : 걸음을 머뭇거리는 모양.「머리를 긁적이며 머뭇거리네」

孌(련) : 예쁜 모양.

貽(이) : 주다. '贈'의 뜻.

彤管(동관) : 빨간 피리. 무슨 물건인지 확실하지는 않지만 사랑하는 남녀가 주고받던 정표(情標)였을 것이다.

煒(위) : 빨간 모양.

說懌(열역) : 기뻐하다. 좋아하다.「아가씨의 아름다움을 좋아하네」

牧(목) : 들. 歸(귀) : 주다. 앞의 '貽'와 같은 뜻.

荑(제) : 띠싹. 삘기.

洵(순) : 실로. '信'의 뜻. 異(이) : 기이하다.

女(여) : '汝'와 같은 글자. 띠싹을 가리킴.「네가 아름다워서가 아니라」

美人(미인) : 고운 님.「고운 님이 준 것이기에 아름답네」

4. 용풍(鄘風)

패풍(邶風)에서 이미 설명하였음.

柏 舟 (bó zhōu)

汎彼柏舟　在彼中河	Fàn bǐ bó zhōu / zài bǐ zhōng Hé
髧彼兩髦　實維我儀	Dàn bǐ liǎng máo / shí wéi wǒ yí
之死矢靡他	Zhī sǐ shǐ mǐ tā
母也天只　不諒人只	Mǔ yě tiān zhǐ / bù liàngMrén zhǐ

汎彼柏舟　在彼河側	Fàn bǐ bó zhōu / zài bǐ Hé cè
髧彼兩髦　實維我特	Dàn bǐ liǎng máo / shí wéi wǒ tè
之死矢靡慝	Zhī sǐ shǐ mǐ tè
母也天只　不諒人只	Mǔ yě tiān zhǐ / bù liàng rén zhǐ

해제

위(衛)나라의 세자인 공백(共伯)이 일찍 죽어서 그의 처 공강(共姜)이 수절하므로, 그 어머니가 재가시키려 하매 읊은 것이다. 공백은 희후(僖侯)의 아들로서 이름을 여(餘)라 하였다. 작법상 흥(興)에 속한다.

주석

汎(범) : 물위에 떠 있는 모양.
中河(중하) : 황하 가운데.
髧(담) : 머리칼이 늘어진 모양.
兩髦(양모) : 이마 양쪽으로 늘어뜨린 더벅머리. 자식이 부모를 섬길 때의 머리 장식으로 부모가 돌아가시면 없앴다. 여기서는 이 시의 작자 공강(共姜)이 자신의 약혼자 공백(共伯)의 생전 모습을 가리켜 말한 것이다. 「축 늘어진 저 두 갈래의 더벅머리가」
我(아) : 공강(共姜) 자신.
儀(의) : 배필. '匹'의 뜻. 「실로 나의 배필이었네」
之(지) : 가다. 矢(시) : 맹세하다. '誓'의 뜻.
靡(미) : '無'의 뜻. 여기서는 딴 마음을 갖지 않는 것. 「죽어도 딴 마음은 갖지 않으리이다」
只(지) : 어조사. 이 구절은 어머니가 날 낳아 길러주신 은혜는 하늘같이 끝없다는 것을 말함.
諒人(양인) : 사람 마음, 곧 공강(共姜) 자신의 마음을 믿어주는 것.

'諒'은 '信'의 뜻. 여기서 공강이 아버지를 언급하지 않은 것은 당시 홀어머니만 계셨기 때문이 아니면 재가(再嫁)가 아버지의 뜻이 아니었기 때문일 것이다. 「제 마음을 믿어주시지 않나이까」

特(특) : 배필. 앞의 '儀'와 뜻이 같음.

慝(특) : 악하다. 못되다. '邪'의 뜻. 여기서는 재가(再嫁)로써 빗나간 짓을 하는 것.

君子偕老(jūn zǐ xié lǎo)

君子偕老	副笄六珈	Jūn zǐ xié lǎo / fù jī liù jiā
委委佗佗	如山如河	Wēi wēi tuó tuó / rú shān rú hé
象服是宜		Xiàng fú shì yí
子之不淑	云如之何	Zǐ zhī bù shū / yún rú zhī hé
玼兮玼兮	其之翟也	Cǐ xī cǐ xī / qí zhī dí yě
鬒髮如雲	不屑髢也	Zhěn fà rú yún / bù xiè dí yě
玉之瑱也	象之揥也	Yù zhī tiàn yě / xiàng zhī tì yě
揚且之皙也		Yáng jū zhī xī yě
胡然而天也	胡然而帝也	Hú rán ér tiān yě / hú rán ér dì yě
瑳兮瑳兮	其之展也	Cuō xī cuō xī / qí zhī zhǎn yě
蒙彼縐絺	是紲袢也	Méng bǐ zhòu chī / shì xiè fán yě
子之清揚	揚且之顏也	Zǐ zhī qīng yáng / yáng jū zhī yán yě

展如之人兮　邦之媛也　　Zhǎn rú zhī rén xī / bāng zhī yuàn yě

해제

위(衛)나라의 선강(宣姜)이 음란하매, 왕후로서 용모가 곱고 예복이 단정한 것보다 덕이 더 중요함을 강조하면서 선강의 추한 행실을 애석히 여겨서 읊었다. 작법상 부(賦)에 속한다.

주석

君子(군자) : 여기서는 지아비의 뜻.
偕老(해로) : 함께 살고 함께 죽는 것을 말한다.
副(부) : 낭자. 쪽. 제복(祭服)의 머리 장식으로 머리카락을 땋아 만든다.
笄(계) : 비녀. 여기서는 비녀를 지르는 것으로 부(副)의 양쪽에 늘어뜨려 귀에 닿게 하고 그 밑은 드림 끈으로 귀막이 옥을 단다.
珈(가) : 비녀에 옥을 박아 장식하는 것. 「쪽에 꽂은 비녀엔 구슬이 여섯」
委委佗佗(위위타타) : 점잖고 의젓한 모양.
如山(여산) : 안정되고 중후한 모양.
如河(여하) : 크고 넓은 모양.
象服(상복) : 법 제복(法制服). 宜(의) : 어울리다. 「법 제복이 잘도 어울리네」
子(자) : 그대. 이 시의 풍자 대상인 선강(宣姜)을 가리킴.

不淑(불숙) : 행실이 정숙(貞淑)하지 못한 것. '淑'은 '善'의 뜻.
云(운) : 어조사.「왜 그럴까?」
玼(체) : 빛이 고운 모양.
翟(적) : 꿩. 여기서는 꿩의 형상을 새겨 그려 꾸민 제복(祭服).「저 꿩 그린 옷은」
鬒(진) : 검은머리. 如雲(여운) : 많고 아름다운 모양.
不屑(불설) : 헤아리지 않는 것. 필요 없는 것. '屑'은 '潔'의 뜻이고, '潔'은 '絜(헤아릴 혈)'과 통함.
髢(체) : 머리숱이 많아 보이도록 덧드리는 딴 머리로서 다리나 가발을 가리킴.「다리가 필요 없네.」
瑱(전) : 귀막이 옥.
象(상) : 상아. 揥(체) : 빗치개. 상아로 만든 부인의 머리에 꽂는 장식품.
揚(양) : 눈썹 위 이마가 넓은 것. 且(저) : 어조사.
晳(석) : 희다. '白'의 뜻.「이마는 훤하고 희네」
胡然(호연) : 어찌 그렇게. 天(천) : 천선(天仙). 신선.
帝(제) : 천제(天帝)의 딸. 제녀(帝女). 앞 구와 이 구는 선강(宣姜)을 보면 복식과 용모는 그토록 아름다운데 행실은 추하기만 하다는 것을 역설(逆說)한 것임.「어찌 그렇게 제녀 같을까?」
瑳(차) : 앞의 '玼(체)'와 같은 자.
展(전) : 전의(展衣). 군주 또는 손님을 만날 때 입던 예복.
蒙(몽) : 걸치다. 입다. '覆'의 뜻.
縐絺(추치) : 가는 갈포를 주름지게 짠 옷으로 여름에 입는다.
紲袢(설번) : '束縛'의 뜻. 가는 갈포 옷에 전의(展衣)를 걸치고 이를 묶어서 용의를 단정히 한다. 일설에는, 위의 '蒙'은 땀받이 속옷 위에 가는 갈포 옷을 걸치는 것이라 함. 이에 의하면 설빈(絏袢)은 땀받이 속옷. 「저 가는 갈포 옷 걸쳤으니, 그것은 땀받이 속옷이로다」

子(자) : 선강(宣姜)을 가리킴.
淸揚(청양) : 눈이 맑고 이마가 넓은 것.
顔(안) : 이마가 각지고 풍만한 얼굴.
展(전) : 진실로. 참으로. '誠'의 뜻. 之(지) : 이. '是'의 뜻. 「참으로 이와 같은 사람은」
邦(방) : 나라. 媛(원) : 미인. 「나라의 미인일세」 이 역시 역설적인 표현으로 선강(宣姜)은 미색만 있고 덕은 없다는 뜻.

蝃 蝀(dì dōng)

蝃蝀在東	莫之敢指	Dì dōng zài dōng / mò zhī gǎn zhǐ
女子有行	遠父母兄弟	Nǚ zǐ yǒu xíng / yuǎn fù mǔ xiōng dì
朝隮于西	崇朝其雨	Zhāo jī yú xī / chóng zhāo qí yǔ
女子有行	遠父母兄弟	Nǚ zǐ yǒu xíng / yuǎn fù mǔ xiōng dì
乃如之人也	懷昏姻也	Nǎi rú zhī rén yě / huái hūn yīn yě
大無信也	不知命也	Tài wú xìn yě / bù zhī mìng yě

 해제

위(衛)나라의 음탕한 풍속이 문공(文公)에 이르러 도덕이 갖추어

져서 건실해진 것이다. 작법상 제1·2장은 비(比), 제3장은 부(賦)에 속한다.

주석

蝃蝀(체동) : 무지개. 음양의 기가 서로 어울리지 않아야 하는데 서로 어울려서 생기는 천지의 음기(淫氣)로서 남녀가 정식으로 결혼하지 않고 사통(私通)하는 것에 비유.

在東(재동) : 저녁 무지개. 무지개는 해를 따라 비치므로 아침에는 서쪽, 저녁에는 동쪽에 뜬다.

莫指(막지) : 너무 음탕하여 아무도 손으로 가리키며 말하지 못한다는 뜻.「감히 손가락질 못하네」

有行(유행) : 시집가는 것.

隮(제) : 오르다. '昇'의 뜻「아침에 무지개가 서쪽에 서니」

崇朝(숭조) : 새벽에서 아침 식사 때까지. '崇'은 '終'의 뜻. 한창 내리던 비가 무지개가 서자 식전에 그치고 말았다는 뜻으로 음탕한 기운이 음양의 조화를 해친 것을 말한다. 중국 속담에 "무지개가 뜨면 비가 그친다."는 말이 있다.「식전에 오던 비 그치네」

如之人(여지인) : 음탕한 사람을 가리킴. '之'는 '是'의 뜻.

懷(회) : 생각하다. '思'의 뜻.

昏姻(혼인) : 남녀의 욕정을 말함.

大(태) : 너무. '太'와 통함.「너무나 믿음이 없으니」

命(명) : 하늘의 바른 이치. 천명.「천명을 모르는 것이리」정자(程子)는 "사람은 욕정이 없을 수 없지만 억제할 줄 알아야 한다. 억제할 줄 모르고 좇으려고만 하면 사람의 도는 사라져 금

수(禽獸)에 들게 된다."고 하였다. 도로써 욕정을 억제해야 천명을 따를 수 있을 것이다.

載 馳(zài chí)

載馳載驅	歸唁衛侯	Zài chí zài qū / guī yàn Wèi hóu
驅馬悠悠	言至於漕	Qū mǎ yōu yōu / yán zhì yú Cáo
大夫跋涉	我心則憂	Dà fū bá shè / wǒ xīn zé yōu
既不我嘉	不能旋反	Jì bù wǒ jiā / bù néng xuán fǎn
視爾不臧	我思不遠	Shì ěr bù zāng / wǒ sī bù yuǎn
既不我嘉	不能旋濟	Jì bù wǒ jiā / bù néng xuán jì
視爾不臧	我思不閟	Shì ěr bù zāng / wǒ sī bù bì
陟彼阿丘	言采其蝱	Zhì bǐ ē qiū / yán cǎi qí méng
女子善懷	亦各有行	Nǚ zǐ shàn huái / yì gè yǒu xíng
許人尤之	衆穉且狂	Xǔ rén yóu zhī / zhòng zhì qiě kuáng
我行其野	芃芃其麥	Wǒ xíng qí yě / péng péng qí mài
控于大邦	誰因誰極	Kòng yú dà bāng / shuí yīn shuí jí
大夫君子	我無有尤	Dà fū jūn zǐ / wǒ wú yǒu yóu
百爾所思	不如我所之	Bǎi ěr suǒ sī / bù rú wǒ suǒ zhī

해제

선강(宣姜)의 딸인 허(許)나라 목공(穆公)의 부인이 지은 것으로, 모국인 위(衛)나라가 멸망하였으나 위문차 돌아가지 못하는 심정을 읊었다. 작법상 부(賦)에 속한다.

주석

載(재) : 어조사. 馳驅(치구) : 말을 타고 달려가는 것. 「말 타고 달리고 또 달리어」

歸(귀) : 허(許)나라에서 위(衛)나라로 돌아가는 것을 말함.

唁(언) : 위문하다. 위로하다. 여기서는 나라 잃은 것을 조문하는 것. 이 구절은 선강(宣姜)의 딸인 허(許)나라 목공(穆公)의 부인이 위나라가 망한 것을 걱정하여 부른 것이라 한다. 「돌아가 위나라 제후를 조문하리라」

悠悠(유유) : 먼 모양.

言(언) : 어조사. 漕(조) : 위나라 고을 이름.

大夫(대부) : 목공(穆公) 부인이 위나라를 조문하기 위해 보낸 허나라 대부를 가리킴.

跋涉(발섭) : '跋'은 뭍으로 가는 것, '涉'은 물로 가는 것.

既(기) : 여기서는 '既至'의 뜻으로 대부들이 이미 온 것.

不嘉(불가) : 내가 위나라에 돌아가는 것을 대부들이 좋지 않게 여기는 것. '嘉'는 '善'의 뜻. 「이미 와 날 좋지 않게 여기지만」

旋反(선반) : 마음을 돌이키는 것.

視(시) : 여기서는 보아서 안다는 뜻.

爾(이) : 허(許)나라 대부들을 가리킴.

不臧(부장) : 못마땅하게 여기는 것. '臧'은 '善'의 뜻.「그대들이 못마
          땅하게 여길 줄 알지만」
我思(아사) : 내가 생각하는 바. 곧 위나라를 생각하는 마음. 遠(원) :
          잊다. '忘'의 뜻.「내 생각은 잊혀지질 않네」
濟(제) : 건너다. '渡'의 뜻. 허나라에서 위나라에 돌아가려면 반드시
          건너야 할 물이 있다.「건너는 것을 돌이킬 수 없네」
閟(비) : 그치다. 그만두다. '閉' 혹은 '止'의 뜻.
陟(척) : 오르다.
阿丘(아구) : 한 쪽은 높고 한 쪽은 낮게 생긴 언덕.
言(언) : 어조사.
蝱(맹) : 패모(貝母). 백합과에 속하는 다년초. 마음이 답답하고 응어
          리진 병을 치료하는 데 씀.
善懷(선회) : 근심이 많은 것.
行(행) : 도리. 이유. '道'의 뜻.「그래도 제각기 이유는 있는 것」
許(허) : 나라 이름. 尤(우) : 탓하다. '過'의 뜻. 곧 내가 위나라에 돌
          아감을 탓하는 것.
衆(중) : 허나라 사람들. 혹은 '終'과 통하는 자로 보기도 하는데, 이
          경우 '衆'은 '旣'의 뜻. 따라서 '衆~且~'는 '旣~且~'의
          뜻.
穉(치) : 유치하고 무지한 것. '稚'와 같은 글자. 狂(광) : 미쳐 도리에
          어그러진 것.
其野(기야) : 위나라의 들을 가리킴.
芃芃(봉봉) : 보리가 무성히 자란 모양.
控(공) : 붙들고 호소하는 것.
大邦(대방) : 큰 나라. 대국.「대국에 호소하려도」
因(인) : 남의 힘에 의지하는 것.

極(극) : 불러서 오게 하는 것.「뉘를 의지하고 뉘를 불러들일까?」

大夫(대부) : 허나라 대부들을 가리킴.

君子(군자) : 허나라 사람들을 가리킴.

百爾(백이) : 여러 당신들. 여러 그대들. '百'은 '凡'의 뜻.「당신들이 생각하는 것은」

所之(소지) : 위나라를 생각하는 것. '之'는 '思'의 뜻.「내가 생각하는 것에 미치지 못하오」

5. 위풍(衛風)

패풍(邶風)에서 이미 설명하였음.

淇奧(Qí yù)

瞻彼淇奧	綠竹猗猗	Zhān bǐ Qí yù / lǜ zhú yī yī
有匪君子	如切如磋	Yǒu fěi jūn zǐ / rú qiē rú cuō
如琢如磨		Rú zhuó rú mó
瑟兮僩兮	赫兮咺兮	Sè xī xiàn xī / hè xī xuān xī
有匪君子	終不可諼兮	Yǒu fěi jūn zǐ / zhōng bù kě xuān xī
瞻彼淇奧	綠竹靑靑	Zhān bǐ Qí yù / lǜ zhú qīng qīng
有匪君子	充耳琇瑩	Yǒu fěi jūn zǐ / chōng ěr xiù yíng
會弁如星		Kuài biàn rú xīng
瑟兮僩兮	赫兮咺兮	Sè xī xiàn xī / hè xī xuǎn xī

有匪君子 終不可諼兮　　Yǒu fěi jūn zǐ / zhōng bù kě xuān xī

瞻彼淇奧 綠竹如簀　　Zhān bǐ Qí yù / lǜ zhú rú zé
有匪君子 如金如錫　　Yǒu fěi jūn zǐ / rú jīn rú xī
如圭如璧　　　　　　Rú guī rú bì
寬兮綽兮 猗重較兮　　Kuān xī chuò xī / yǐ chóng jué xī
善戲謔兮 不爲虐兮　　Shàn xì xuè xī / bù wéi nüè xī

해제

위(衛)나라 무공(武公)의 덕을 칭송한 것이다. ≪국어(國語)≫에 의하면 무공이 나이 95세에도 훈도(訓道)를 듣는 것을 게을리 하지 않았다고 한다. 작법상 흥(興)에 속한다.

주석

瞻(첨) : 보다. **淇**(기) : 물 이름. 하남성(河南省) 상주(相州) 임려현(林慮縣)에서 발원하여 동류함. **奧**(욱) : 물굽이.
綠竹(녹죽) : 푸른 대.
猗猗(의의) : 막 돋아나 유들유들하면서 아름답고 무성한 모양. 「푸른 대나무가 우거져 있네」
匪(비) : 문채가 있어 화려한 모양. '斐(문채날 비)'와 통함. **君子**(군자) : 위나라 무공(武公)을 가리킴.
切磋(절차) : 짐승의 뼈나 뿔 같은 것을 칼이나 도끼로 자르고 이어

줄칼이나 대패로 다듬는 것.
琢磨(탁마) : 옥이나 돌을 망치나 끌로 쪼고 이어 사석(沙石)으로 닦는 것. 이런 의미의 절차탁마는 자신의 덕을 끊임없이 갈고 닦는 것을 말한다.
瑟(슬) : 조심성 있고 엄숙한 모양.
僩(한) : 위엄이 있는 모양. 「엄숙하고 위엄 있으며」
赫(혁) : 덕이 있어 빛나는 모양.
咺(훤) : 위의(威儀)가 드러난 모양. 의젓한 모양. 「빛나고 의젓하네」
諼(훤) : 잊다. '忘'의 뜻. 「끝내 잊을 수 없네」
靑靑(청청) : 굳세고 무성한 모양.
充耳(충이) : 귀막이.
琇瑩(수영) : 아름다운 옥돌. 천자의 귀막이는 옥으로 만들고 제후의 귀막이는 옥돌로 만들었음.
會(괴) : 옷 따위를 맞대고 꿰맬 때 드러나는 솔기.
弁(변) : 가죽으로 만든 갓. 피변(皮弁).
如星(여성) : 피변의 솔기는 옥으로 장식하므로 별처럼 반짝반짝 빛난다는 뜻. 「갓의 옥 장식은 별처럼 반짝이네」
簀(책) : 갈대 따위로 엮어 만든 삿자리. 如簀은 대나무가 삿자리처럼 빽빽하게 즐비여 있는 것. 곧 매우 무성한 모양.
如金如錫(여금여석) : 무공(武公)의 깨끗하고 순수한 덕행에 비유.
如圭如璧(여규여벽) : 무공의 따뜻하고 인정이 있는 성품에 비유.
寬(관) : 넓고 여유가 있는 것.
綽(작) : 관대한 것. 「여유가 있고 관대한 모습으로」
猗(의) : 감탄사. 혹은 '倚'의 뜻.
重較(중각) : 경사(卿士)의 수레. '較'는 수레 양옆에 세운 나무. 「수레

옆 나무에 기대셨네」

戲謔(희학) : 우스운 이야기. 「우스운 얘기 잘 하지만」
虐(학) : 보통의 정도를 넘는 것. 「정도를 넘지는 않네」

考 槃(kǎo pán)

考槃在澗　碩人之寬　Kǎo pán zài jiàn / shuò rén zhī kuān
獨寐寤言　永矢弗諼　Dú mèi wù yán / yǒng shǐ fú xuān

考槃在阿　碩人之薖　Kǎo pán zài ē / shuò rén zhī kē
獨寐寤歌　永矢弗過　Dú mèi wù gē / yǒng shǐ fú guò

考槃在陸　碩人之軸　Kǎo pán zài lù / shuò rén zhī zhóu
獨寐寤宿　永矢弗告　Dú mèi wù sù / yǒng shǐ fú gào

해제

장공(莊公)이 무공(武公)의 업적을 잇지 못하고 신하의 간언(諫言)을 듣지 아니하니, 어진 선비들이 은거하며 사는 것을 노래한 것이다. 작법상 부(賦)에 속한다.

 주석

考槃(고반) : 은거할 집을 만드는 것. '考'는 '成', '槃'은 '盤桓'의 뜻. 혹은 '考'는 '扣(두드릴 구)', '槃'은 악기 이름으로 보아, 질장구 따위를 두드려 박자 맞추는 소리에 노래부르는 것으로 풀이하기도 함.

澗(간) : 산골 물.「산골물 가에 은거할 곳 만드니」

碩人(석인) : 큰 사람. 여기서는 큰 덕을 지닌 사람. '碩'은 '大'의 뜻.

永(영) : 길이. 矢(시) : 맹세하다. '誓'의 뜻.

諼(훤) : 잊다. '忘'의 뜻. 不諼(불훤)은 은거의 즐거움을 잊지 않겠다는 뜻.

阿(아) : 구부러진 언덕.

薖(과) : 마음이 관대한 것.

弗過(불과) : 은거 생활을 넘지 않고 종신하겠다는 뜻.

陸(륙) : 높고 평평한 곳.

軸(축) : 머뭇거리며 나아가지 않는 모양. 여기서는 그만큼 마음이 한가하고 여유가 있는 것.

寤宿(오숙) : 잠에서 깨었으나 아직도 누워 있는 것.「홀로 잠에서 깨어 누워 있어도」

弗告(불고) : 은거의 즐거움을 남에게 말하지 않겠다는 뜻.

碩 人 (shuò rén)

碩人其頎	衣錦褧衣	Shuò rén qí qí / yì jǐn jiǒng yī
齊侯之子	衛侯之妻	Qí hóu zhī zǐ / Wèi hóu zhī qī
東宮之妹	邢侯之姨	Dōng gōng zhī mèi / Xíng hóu zhī yí
譚公維私		Tán gōng wéi sī

手如柔荑	膚如凝脂	Shǒu rú róu tí / fū rú níng zhī
領如蝤蠐	齒如瓠犀	Lǐng rú qiú qí / chǐ rú hù xī
螓首蛾眉		Qín shǒu é méi
巧笑倩兮	美目盼兮	Qiǎo xiào qiàn xī / měi mù pàn xī

碩人敖敖	說于農郊	Shuò rén áo áo / shuì yú nóng jiāo
四牡有驕	朱幩鑣鑣	Sì mǔ yǒu jiāo / zhū fén biāo biāo
翟茀以朝		Dí fú yǐ cháo
大夫夙退	無使君勞	Dà fū sù tuì / wú shǐ jūn láo

河水洋洋	北流活活	Hé shuǐ yáng yáng / běi liú guō guō
施罛濊濊	鱣鮪發發	Shī gū huò huò / zhān wěi bō bō
葭菼揭揭		Jiā tǎn jiē jiē
庶姜孽孽	庶士有朅	Shù jiāng niè niè / shù shì yǒu qiè

해제

임금의 사랑을 받지 못하고 자식도 없는 장강(莊姜)이 제(齊)나라에서 위(衛)나라로 시집올 때의 성대한 장면을 기억하여 지은 시이다. 작법상 부(賦)에 속한다.

주석

碩人(석인) : 덕이 큰 사람. 존귀한 사람. 여기서는 위(衛)나라 장공(莊公)의 부인인 장강(莊姜)을 가리킴.
頎(기) : 키가 큰 모양.
錦(금) : 문채가 나는 옷. 비단옷.
褧(경) : 홑옷. 비단옷은 너무 문채가 두드러지기 때문에 겉에 홑옷을 껴입었다. 「비단 옷에 홑옷 걸쳤네」
子(자) : 여기서는 딸의 뜻.
衛侯(위후) : 장공(莊公)을 가리킴.
東宮(동궁) : 태자(太子)가 사는 집. 태자. 여기서는 제(齊)나라 장공의 태자 득신(得臣)을 가리킴.
妹(매) : 장강은 득신의 누이동생이었음.
邢(형) : 나라 이름. 지금의 하남성(河南省) 형태현(邢台縣)에 있었음. 주공(周公)의 아들이 여기에 봉해졌다 함.
姨(이) : 처의 자매. 여기서는 처제.
譚(담) : 나라 이름. 지금의 산동성(山東省) 제남(濟南) 동쪽에 있었음.
私(사) : 자매의 남편. 여기서는 형부.

荑(제) : 띠싹. 삘기. 손이 부드럽고 흰 것을 말함.
凝脂(응지) : 기름이 차서 엉킨 것으로 역시 흰 것을 말함.
領(령) : 목. 蝤蠐(추제) : 굼벵이.
瓠犀(호서) : 박의 씨. 네모 반듯하고 깨끗하고 희며 가지런하게 박혀 있음.
螓(진) : 씽씽매미. 매미의 일종으로 이마가 넓고 네모 반듯함. 蛾(아) : 누에나방. 눈썹이 가늘면서 길게 굽어 있음.
巧笑(교소) : 귀엽게 웃는 것.
倩(천) : 입 언저리가 아름다운 것. 「귀엽게 웃으면 입매가 아름답고」
盼(반) : 눈의 흰자위와 검은 자위가 분명한 것. 「아름다운 눈은 동자가 뚜렷하네」
敖敖(오오) : 키가 큰 모양.
說(세) : 묵다. '舍'의 뜻.
農郊(농교) : 근교(近郊).
四牡(사모) : 한 수레를 끄는 네 필의 말.
驕(교) : 씩씩한 모양.
幩(분) : 재갈 장식. 임금의 말은 붉은 천으로 재갈을 감아 장식하였음.
鑣鑣(표표) : 성대한 모양.
翟(적) : 꿩. 여기서는 꿩 깃으로 장식한 수레. 茀(불) : 가리개. 포장. '蔽'의 뜻. 부인의 수레는 앞뒤에 포장이 처져 있었음. 朝(조) : 임금을 배알하는 것. 여기서는 장강(莊姜)이 위나라 제후를 뵈러 가는 것을 말한다. 「꿩깃 장식한 수레에 포장 치고 조정에 드네」
夙退(숙퇴) : 일찍 물러나는 것.

君(군) : 장공을 가리킴. 앞 구와 이 구는 위나라 제후가 장강을 배필로 맞이하는 것은 나라의 경사이므로 대부들이 일찍 물러나 임금으로 하여금 정사에 고단하지 않게 하여 부인과 즐길 기회를 빼앗지 말라는 뜻.
河(하) : 황하. 제나라 서쪽 위나라 동쪽에 위치하며 북쪽으로 바다에 흘러듦. 洋洋(양양) : 성대한 모양.
活活(괄괄) : 흐르는 모양. 「북으로 콸콸대며 흘러가네」
施(시) : 그물을 치는 것.
罛(고) : 물고기 그물.
濊濊(활활) : 그물이 물 속에 들어가는 소리.
鱣(전) : 잉어. 鮪(유) : 메기.
發發(발발) : 성한 모양.
葭菼(가담) : 갈대와 물억새.
揭揭(걸걸) : 길게 자란 모양.
庶姜(서강) : 장강(莊姜)이 시집 올 때 따라온 동성(同姓)의 조카와 아우. '庶'는 '衆', '姜'은 제(齊)나라 성(姓).
孽孽(얼얼) : 장식이 성한 것. 「여러 동성의 여인들이 꾸며 입었고」
庶士(서사) : 장강의 출가를 배웅하는 여러 관원들.
朅(흘) : 씩씩한 모양. 「배웅 나온 여러 관원들은 씩씩하기도 하네」

氓(méng)

氓之蚩蚩　抱布貿絲　Méng zhī chī chī / bào bù mào sī
匪來貿絲　來卽我謀　Fěi lái mào sī / lái jí wǒ móu

送子涉淇	至于頓丘	Sòng zǐ shè Qí / zhì yú Dùn qiū
匪我愆期	子無良媒	Fěi wǒ qiān qī / zǐ wú liáng méi
將子無怒	秋以爲期	Qiāng zǐ wú nù / qiū yǐ wéi qī
乘彼垝垣	以望復關	Chéng bǐ guǐ yuán / yǐ wàng Fù guān
不見復關	泣涕漣漣	Bù jiàn Fù guān / qì tì lián lián
旣見復關	載笑載言	Jì jiàn Fù guān / zài xiào zài yán
爾卜爾筮	體無咎言	ěr bǔ ěr shì / tǐ wú jiù yán
以爾車來	以我賄遷	Yǐ ěr jū lái / yǐ wǒ huì qiān
桑之未落	其葉沃若	Sāng zhī wèi luò / qí yè wò ruò
于嗟鳩兮	無食桑葚	Xū jiē jiū xī / wú shí sāng shèn
于嗟女兮	無與士耽	Xū jiē nǚ xī / wú yǔ shì dān
士之耽兮	猶可說兮	Shì zhī dān xī / yóu kě shuō xī
女之耽兮	不可說也	Nǚ zhī dān xī / bù kě shuō yě
桑之落矣	其黃而隕	Sāng zhī luò yǐ / qí huáng ér yǔn
自我徂爾	三歲食貧	Zì wǒ cú ěr / sān suì shí pín
淇水湯湯	漸車帷裳	Qí shuǐ shāng shāng / jiān jū wéi cháng
女也不爽	士貳其行	Nǚ yě bù shuǎng / shì èr qí xìng
士也罔極	二三其德	Shì yě wǎng jí / èr sān qí dé
三歲爲婦	靡室勞矣	Sān suì wéi fù / mǐ shì láo yǐ
夙興夜寐	靡有朝矣	Sù xīng yè mèi / mǐ yǒu zhāo yǐ
言旣遂矣	至于暴矣	Yán jì suì yǐ / zhì yú bào yǐ

兄弟不知　咥其笑矣　Xiōng dì bù zhī / xì qí xiào yǐ
靜言思之　躬自悼矣　Jìng yán sī zhī / gōng zì dào yǐ

及爾偕老　老使我怨　Jí ěr xié lǎo / lǎo shǐ wǒ yuàn
淇則有岸　隰則有泮　Qí zé yǒu àn / xí zé yǒu pàn
總角之宴　言笑晏晏　Zǒng jiǎo zhī yàn / yán xiào yàn yàn
信誓旦旦　不思其反　Xìn shì dàn dàn / bù sī qí fǎn
反是不思　亦已焉哉　Fǎn shì bù sī / yì yǐ yān zāi

해제

선공(宣公) 때 남녀의 예절과 기강이 어지러워 혼인하고도 해로(偕老)하지 못하고, 남편에게 버림받는 일이 허다하였는데 그 경우를 원망하여 지은 것이다. 작법상 제1·2장은 부(賦), 제3장은 비(比)이면서 흥(興), 제4장은 비(比), 제5장은 부(賦), 제6장은 부(賦)이면서 흥(興)에 속한다.

주석

氓(맹) : 백성. '民'의 뜻. 여기서는 누군지 알 수 없는 어떤 남자.
蚩蚩(치치) : 무지한 모양.
布(포) : 돈. '幣(돈 폐)'의 뜻.
貿絲(무사) : 실 사러 다니는 것. '貿'는 '買'의 뜻. 「돈을 안고 실을 사자네」
匪(비) : '非'와 같음. 「실 사러 온 게 아니라」

謀(모) : 꾀어내는 것. 「온 것은 바로 나를 꾀어내기 위함일세」
子(자) : '氓'을 가리킴.
淇(기) : 기수(淇水). 「그 사람 전송하러 기수를 건너」
頓丘(돈구) : 땅 이름.
愆期(건기) : 시기를 넘기거나 늦추는 것. '愆'은 '過'의 뜻. 「내가 시기를 늦추자는 게 아니라」
良媒(양매) : 좋은 중매인.
將(장) : 바라다. 부탁하다. '願', '請'의 뜻.
爲期(위기) : 혼인하는 시기로 하자는 뜻.
垝(위) : 무너지다. '毀'의 뜻.
垣(원) : 담.
復關(복관) : 땅 이름. '氓'이 사는 곳. 남자를 드러내놓고 말할 수 없어 사는 곳을 빌어 말한 것임.
漣漣(연련) : 눈물이 주룩주룩 흐르는 모양.
載(재) : 어조사.
爾(이) : '氓'을 가리킴. 卜(복) : 거북의 등껍질을 태워 치는 점.
筮(서) : 톱풀로 치는 점.
體(체) : 점괘. 점친 결과.
咎言(구언) : 흉하다는 말.
車來(거래) : 수레를 끌고 오는 것.
賄(회) : 재물. 遷(천) : 옮겨가는 것. '徙'의 뜻. 「내 재물을 옮겨가도록 해요」
沃若(옥약) : 윤택한 모양.
于嗟(우차) : 감탄사.
鳩(구) : 산비둘기의 하나.

葚(심) : 오디. '鳩'는 오디를 좋아하는데 많이 먹으면 취해서 본성을 해치게 된다고 함.「오디를 따먹지 말라」
耽(탐) : 도리에 벗어난 즐거움에 빠지는 것.
士(사) : 남자.「남자에게 빠지지 말라」
猶(유) : 오히려. 그래도.
說(설) : 해명하는 것. '解'의 뜻.
隕(운) : 떨어지다. '落'의 뜻.「뽕잎이 질 때면, 누렇게 시들어 떨어진다네」
徂(조) : 가다. '往'의 뜻.「내가 그대에게로 간 뒤부터」
食貧(식빈) : 가난에 허덕이는 것.
湯湯(상상) : 물이 성한 모양. 출렁출렁.
漸(점) : 적시다. '漬(적실 지)'의 뜻.
帷裳(유상) : 수레 장식. 동용(童容)이라고도 하며 부인의 수레에 침.「수레 휘장을 적시었네」
爽(상) : 어긋나다. 틀리다. '差'의 뜻.「여자로서 틀림이 없는데」
貳其行(이기행) : 그 행동이 둘이다. 곧 옛날과 지금의 행동이 다르다는 뜻.
罔極(망극) : 이를 데 없이. 끝없이. '罔'은 '無', '極'은 '至'의 뜻.
二三(이삼) : 변덕이 심해 이랬다저랬다 하는 것.「변덕이 이만저만 아니네」
室勞(실로) : 집안 일을 고생으로 여기는 것.
夙興(숙흥) : 아침 일찍 일어나는 것.
夜寐(야매) : 밤늦게 자는 것.
靡有朝(미유조) : 아침의 틈도 없이 부지런히 일만 했다는 뜻.
言(언) : 처음 결혼할 때 다짐한 언약.

遂(수) : 이루다.
兄弟(형제) : 여자의 형제를 가리킴.
不知(부지) : 남편에게 쫓겨나 돌아온 사정을 모른다는 뜻.
咥(희) : 비웃는 모양.
言(언) : 어조사.「가만히 생각해 보니」
躬自(궁자) : 내 자신.
悼(도) : 슬퍼하다.「내 자신만 슬퍼지네」
及(급) : 함께. 더불어. '與'의 뜻.
岸(안) : 기슭. 언덕.
隰(습) : 진펄. 泮(반) : 둔덕. 끝.
總角(총각) : 여자가 출가하기 전에는 비녀를 꽂지 않고 머리를 땋아 꾸밀 뿐이다. 여기서는 처녀 때의 뜻.
宴(연) : 즐기다. '樂'의 뜻.「댕기 땋던 시절 즐길 때엔」
晏晏(안안) : 온화하고 부드러운 모양.
信誓(신서) : 믿음으로 서로 맹세하는 것.
旦旦(단단) : 명백한 모양.
反(반) : 상황이 뒤바뀐 것.
反是(반시) : 바뀐 것이 이렇게 된 것.「이렇게 바뀔 줄 생각지도 못했는데」
已焉哉(이언재) :「끝장이 났도다!」

河 廣(Hé guǎng)

誰謂河廣 一葦杭之　　Shuí wèi Hé guǎng / yī wěi háng zhī

誰謂宋遠　跂予望之　Shuí wèi Sòng yuǎn / qǐ yú wàng zhī

誰謂河廣　曾不容刀　Shuí wèi Hé guǎng / zēng bù róng dāo
誰謂宋遠　曾不崇朝　Shuí wèi Sòng yuǎn / zēng bù chóng zhāo

해제

위(衛)나라 선강(宣姜)의 딸이 송(宋)나라 환공(桓公)의 부인이 되어 양공(襄公)을 낳고서 위(衛)로 쫓겨왔는데, 후에 양공이 즉위하였으나 다시 돌아갈 수 없어서 지은 것이다. 작법상 부(賦)에 속한다.

주석

河(하) : 황하.
葦(위) : 갈대의 일종.
杭(항) : 건너다. 「하나의 갈대로도 건널 수 있는 것을」
跂(기) : 발꿈치를 드는 것. 발돋움하는 것.
予(여) : 이 시를 노래한 송(宋)나라 환공(桓公)의 부인.
曾(증) : 오히려. 刀(도) : 칼 모양의 작은 배. 작은 배. 「오히려 작은 배조차 받아들이지 못하는 것을」
崇朝(숭조) : 새벽에서 조반 때까지의 사이. 「오히려 조반도 안되어 갈 수가 있는 것을」

伯 兮(bó xī)

伯兮朅兮　邦之桀兮　　Bó xī qiè xī / bāng zhī jié xī
伯也執殳　爲王前驅　　Bó yě zhí shū / wèi wáng qián qū

自伯之東　首如飛蓬　　Zì bó zhī dōng / shǒu rú fēi péng
豈無膏沐　誰適爲容　　Qǐ wú gāo mù / shuí dí wéi róng

其雨其雨　杲杲出日　　Qí yǔ qí yǔ / gǎo gǎo chū rì
願言思伯　甘心首疾　　Yuàn yán sī bó / gān xīn shǒu jí

焉得諼草　言樹之背　　Yān dé xuān cǎo / yán shù zhī bèi
願言思伯　使我心痗　　Yuàn yán sī bó / shǐ wǒ xīn mèi

해제

부인이 전쟁에 부역(賦役) 나간 남편이 돌아오지 않음을 노래한 것이다. 작법상 제1·2장은 부(賦), 제3장은 비(比), 제4장은 부(賦)에 속한다.

주석

伯(백): 남편에 대한 호칭. 朅(흘): 씩씩한 모양.「그이는 씩씩하기도 하셔」

邦(방) : 나라. 桀(걸) : 재주가 남보다 뛰어난 사람. 영걸(英傑).

殳(수) : 날 없는 창. 길이는 일장 이척(一丈二尺).

前驅(전구) : 앞장서다.

之(지) : 가다. 「그이가 동쪽으로 가신 뒤로」

蓬(봉) : 다북쑥. 꽃은 버들개지 비슷하며 이것이 모였다 날리면 헝클어진 머리카락 같다.

膏(고) : 기름. 여기서는 머리에 기름 바르는 것.

沐(목) : 머리를 감는 것.「어찌 머릿기름 바르고 머리 감지 못하랴마는」

適(적) : '專主'의 뜻으로 자신이 주가 되어 일을 처리하는 것.

容(용) : 얼굴을 꾸미는 것. 화장하는 것. 전해지는 이야기로「여자는 자기를 좋아하는 사람을 위해 화장을 한다」는 말이 있다.「누구 맘대로 화장을 하랴」

其(기) : 그렇게 되었으면 하고 바라는 말.「비 와라 비 와라 하지만」

杲杲(고고) : 햇빛이 매우 밝은 모양.「쨍쨍 햇빛만 나네」

言(언) : 어조사.

甘心(감심) : 마음 속으로 달게 여기며 참는 것.「머리 아픈 것 달게 참네」

焉(언) : 어떻게. 어디서.

諼草(훤초) : 원추리. 합환(合歡)이라고도 하며 이 풀을 먹으면 근심을 잊을 수 있다고 함. '諼'의 '忘'의 뜻.「어떻게 원추리를 얻어」

言(언) : 어조사. 背(배) : 부인이 거처하는 곳. 북당(北堂).

痗(매) : 앓다. 병들다.

6. 왕풍(王風)

　동주(東周)가 평왕(平王) 이후로 환왕(桓王)·혜왕(惠王) 등 12대(代)를 낙읍(洛邑)에 도읍하고 주(周)의 명맥을 유지하였는데 왕풍(王風)은 평왕과 환왕, 그리고 장왕(莊王, B.C 700년대) 3대(代)의 시를 수록한 것으로 본다.

黍 離(shǔ lí)

彼黍離離	彼稷之苗	Bǐ shǔ lí lí / bǐ jì zhī miáo
行邁靡靡	中心搖搖	Xíng mài mǐ mǐ / zhōng xīn yáo yáo
知我者	謂我心憂	Zhī wǒ zhě / wèi wǒ xīn yōu
不知我者	謂我何求	Bù zhī wǒ zhě / wèi wǒ hé qiú
悠悠蒼天	此何人哉	Yōu yōu cāng tiān / cǐ hé rén zāi
彼黍離離	彼稷之穗	Bǐ shǔ lí lí / bǐ jì zhī suì

行邁靡靡　中心如醉　Xíng mài mǐ mǐ / zhōng xīn rú zuì
知我者　謂我心憂　Zhī wǒ zhě / wèi wǒ xīn yōu
不知我者　謂我何求　Bù zhī wǒ zhě / wèi wǒ hé qiú
悠悠蒼天　此何人哉　Yōu yōu cāng tiān / cǐ hé rén zāi

彼黍離離　彼稷之實　Bǐ shǔ lí lí / bǐ jì zhī shí
行邁靡靡　中心如噎　Xíng mài mǐ mǐ / zhōng xīn rú yē
知我者　謂我心憂　Zhī wǒ zhě / wèi wǒ xīn yōu
不知我者　謂我何求　Bù zhī wǒ zhě / wèi wǒ hé qiú
悠悠蒼天　此何人哉　Yōu yōu cāng tiān / cǐ hé rén zāi

 해제

평왕(平王)이 낙읍(洛邑)으로 도읍을 옮긴 후에, 주(周)나라의 대부(大夫)가 행역(行役) 가는 길에 옛 호경(鎬京)의 종묘와 궁실이 황폐한 것을 보고 무상함을 노래한 것이다. 작법상 부(賦)이면서 흥(興)에 속한다.

주석

黍(서) : 기장. 싹은 갈대 순 비슷하고 이삭은 검으며 열매는 둥글다.
離離(이리) : 쭉쭉 뻗어 늘어진 모양.
稷(직) : 피. 기장 비슷하나 작다.
邁(매) : 가다. '行'의 뜻.

靡靡(미미) : 발걸음이 더딘 모양. 「가는 걸음 더디고」

搖搖(요요) : 안정되지 못하고 이리저리 흔들리는 모양.

何求(하구) : 무얼 구하는가?

悠悠(유유) : 아득히 먼 것.

蒼天(창천) : 푸른 하늘.

此(차) : 나라가 이 지경이 된 것.

何人(하인) : 어느 사람. 이렇게 만든 것은 누구냐는 뜻.

穗(수) : 이삭.

噎(일) : 시름이 깊어 숨이 막히는 것. 「마음이 메이는 듯하네」

君子于役(jūn zǐ yú yì)

君子于役　不知其期　　Jūn zǐ yú yì / bù zhī qí qī

曷至哉　雞棲于塒　　　Hé zhì zāi / jī qī yú shí

日之夕矣　羊牛下來　　Rì zhī xī yǐ / yáng niú xià lái

君子于役　如之何勿思　Jūn zǐ yú yì / rú zhī hé wù sī

君子于役　不日不月　　Jūn zǐ yú yì / bù rì bù yuè

曷其有佸　雞棲于桀　　Hé qí yǒu huó / jī qī yú jié

日之夕矣　羊牛下括　　Rì zhī xī yǐ / yáng niú xià kuò

君子于役　苟無飢渴　　Jūn zǐ yú yì / gǒu wú jī kě

Ⅰ. 국풍(國風) 103

해제

주(周)나라 대부가 행역 나간 지 오랫동안 돌아오지 아니함을 그 부인이 그리워하여 지은 것이다. 작법상 부(賦)에 속한다.

주석

君子(군자) : 부인이 남편을 부르는 말.
役(역) : 나라의 명령을 받고 토목공사나 변방수비에 나가는 일. 「님은 역사에 나가서」
期(기) : 돌아올 기약. 「돌아올 기약 알 수 없네」
曷(갈) : 어디. 「어디로 가셨을까」
棲(서) : 쉬다. 깃들이다.
塒(시) : 닭이 앉게 닭장에 가로 질러놓은 막대기. 홰. 횃대.
如之何(여지하) : 어찌. 勿(물) : '不'의 뜻. 「어찌 아니 그리우리」
不日不月(불일불월) : 역사(役事)에 나간 지 몇 날 몇 일 되었는지 헤아릴 수 없다는 뜻.
曷(갈) : 언제.
佸(활) : 만나다. '會'의 뜻.
桀(걸) : 횃대.
括(괄) : 이르다. '至'의 뜻.

揚之水 (yáng zhī shuǐ)

揚之水　不流束薪	Yáng zhī shuǐ / bù liú shù xīn
彼其之子　不與我戍申	Bǐ qí zhī zǐ / bù yǔ wǒ shù Shēn
懷哉懷哉　曷月予還歸哉	Huái zāi huái zāi / hé yuè yú xuán guī zāi
揚之水　不流束楚	Yáng zhī shuǐ / bù liú shù chǔ
彼其之子　不與我戍甫	Bǐ qí zhī zǐ / bù yǔ wǒ shù Fǔ
懷哉懷哉　曷月予還歸哉	Huái zāi huái zāi / hé yuè yú xuán guī zāi
揚之水　不流束蒲	Yáng zhī shuǐ / bù liú shù pú
彼其之子　不與我戍許	Bǐ qí zhī zǐ / bù yǔ wǒ shù Xǔ
懷哉懷哉　曷月予還歸哉	Huái zāi huái zāi / hé yuè yú xuán guī zāi

해제

　왕명을 받아 남의 나라를 지키는 군사가 평왕(平王)을 원망하여 지은 것이다. 그 당시 평왕의 모가(母家)인 신(申)나라가 초(楚)나라의 침략을 자주 받으매, 백성으로 수자리를 지키게 하니 수자리하는 자들이 원망하여 이 시를 지은 것이다. 작법상 흥(興)에 속한다.

 주석

揚(양) : 물이 느리게 흐르는 모양.

流(류) : 떠내려보내는 것.

束薪(속신) : 한 묶음의 땔나무.

其(기) : 어조사. 之子(지자) : 수자리 나간 이 시의 작자가 집에 두고 온 아내를 가리킨 말.

戍(수) : 병사를 주둔시켜 국경을 지키는 것.

申(신) : 나라 이름. 강성(姜姓)이며 평왕(平王) 어머니의 친정 나라. 지금의 하남성(河南省) 신양현(信陽縣)에 있었다.

懷(회) : 그리다. '思'의 뜻.

曷(갈) : 어느. 還歸(선귀) : 돌아가다. '還'은 '旋'과 같은 자. 「어느 달에 나는 돌아가게 될까」

楚(초) : 싸리나무.

甫(보) : 나라 이름. 역시 강성(姜姓)으로서 여(呂)나라. 어디에 있었는지는 알 수 없지만 신(申)·허(許)나라에서 멀지 않았을 것이다.

蒲(포) : 갯버들.

許(허) : 나라 이름. 역시 강성(姜姓)이었으며 지금의 하남성(河南省) 허창현(許昌縣) 부근에 있었다.

中谷有蓷(zhōng gǔ yǒu tuī)

中谷有蓷　暵其乾矣　　　Zhōng gǔ yǒu tuī / hàn qí gān yǐ

有女仳離	嘅其嘆矣	Yǒu nǔ pǐ lí / kǎi qí tàn yǐ
嘅其嘆矣	遇人之艱難矣	Kǎi qí tàn yǐ / yù rén zhī jiān nán yǐ
中谷有蓷	暵其修矣	Zhōng gǔ yǒu tuī / hàn qí xiū yǐ
有女仳離	條其嘯矣	Yǒu nǔ pǐ lí / tiáo qí xiǎo yǐ
條其嘯矣	遇人之不淑矣	Tiáo qí xiǎo yǐ / yù rén zhī bù shū yǐ
中谷有蓷	暵其濕矣	Zhōng gǔ yǒu tuī / hàn qí shī yǐ
有女仳離	啜其泣矣	Yǒu nǔ pǐ lí / chuò qí qì yǐ
啜其泣矣	何嗟及矣	Chuò qí qì yǐ / hé jiē jí yǐ

해제

흉년에 남편에게 버림받은 여인이 마른 익모초를 보고서 지은 것이다. 작법상 흥(興)에 속한다.

주석

中谷(중곡) : 곡중(谷中). 蓷(퇴) : 익모초.
暵(한) : 마르다. '燥(마를 조)'의 뜻.
其(기) : '然', '焉' 등과 같이, 어말(語末)에 붙이는 조사(助辭). '暵其'는 곧 '暵然'의 뜻.
仳(비) : 떠나다. '別'의 뜻.
嘅(개) : 탄식하다.
遇(우) : 만나다. 당하다. '遭'의 뜻.

艱難(간난) : 궁액(窮厄). 곤궁. 「사람의 곤궁함을 만났기 때문일세」
修(수) : 축 늘어진 모양.
條(조) : 휘파람 부는 모양.
嘯(소) : 휘파람. 「긴 휘파람 불듯 한숨만 짓네」
不淑(불숙) : 불행.
濕(습) : 몹시 가물어 습한 곳에까지 풀이 나는 것.
啜(철) : 울다.
何嗟及(하차급) : '嗟何及'의 도치로, 일이 이렇게 되었으니 탄식한들 무슨 소용이 있겠냐는 뜻.

兎 爰(tù yuán)

有兎爰爰　雉離于羅　Yǒu tù yuán yuán / zhì lí yú luó
我生之初　尚無爲　　Wǒ shēng zhī chū / shàng wú wéi
我生之後　逢此百罹　Wǒ shēng zhī hòu / féng cǐ bǎi lí
尚寐無吪　　　　　　Shàng mèi wú é

有兎爰爰　雉離于罦　Yǒu tù yuán yuán / zhì lí yú fú
我生之初　尚無造　　Wǒ shēng zhī chū / shàng wú zào
我生之後　逢此百憂　Wǒ shēng zhī hòu / féng cǐ bǎi yōu
尚寐無覺　　　　　　Shàng mèi wú jiào

有兎爰爰　雉離于罿　Yǒu tù yuán yuán / zhì lí yú tóng

我生之初　尚無庸　　Wǒ shēng zhī chū / shàng wú yōng
我生之後　逢此百凶　Wǒ shēng zhī hòu / féng cǐ bǎi xiōng
尚寐無聰　　　　　　Shàng mèi wú cōng

해제

동주(東周) 시대에 신의를 잃어 뭇 제후가 배반하니 군자가 소인에게 화를 입음을 비유한 것이다. 작법상 비(比)에 속한다.

주석

兎(토) : 토끼. 여기서는 소인에 비유. 爰爰(원원) : 느릿느릿한 모양. 구속당하지 않는 모양. 「토끼는 깡충깡충 뛰노는데」

雉(치) : 꿩. 여기서는 군자에 비유.

離(리) : 걸리다. 羅(라) : 그물. '網'의 뜻.

尙(상) : 그래도. '猶'의 뜻. 無爲(무위) : 일이 없는 것. 무사(無事). 「그래도 별일이 없었네」

百罹(백리) : 온갖 걱정. '罹'는 '憂'의 뜻.

尙(상) : 바라다. '庶幾'의 뜻.

無吪(무와) : 움직이지 않고 가만히 있는 것. '吪'는 '動'의 뜻. 「잠들어 깨지 말면 좋겠네」

罦(부) : 수레 위에 치는 새 그물.

無造(무조) : 앞의 '無爲'와 같은 말. '造'는 '爲'의 뜻.

覺(교) : 잠깨다. '寤(깰 오)'의 뜻.

罿(동) : 새 그물.

無庸(무용) : 마음을 쓸 일이 없는 것. '庸'은 '用'과 같음.
聰(총) : 듣다. '聞'의 뜻.「잠들어 듣는 것이 없었으면 좋겠네」

7. 정풍(鄭風)

정풍은 모두 21편으로 구성되어 있는데 모두 동주(B.C. 770~256) 시대의 작품으로 본다. 정(鄭)나라 무공(武公)이 도읍을 회(檜, 지금의 河南省 開封 일대)에 정하고 장공(莊公)과 소공(召公) 등 8대(代)를 이어나갔다. 정풍은 연애시가 많아서 음풍(淫風)으로 칭해지곤 하였다.

將 仲 子(qiāng zhòng zǐ)

將仲子兮　無踰我里　　Qiāng zhòng zǐ xī / wú yú wǒ lǐ
無折我樹杞　　　　　　Wú zhé wǒ shù qǐ
豈敢愛之　畏我父母　　Qǐ gǎn ài zhī / wèi wǒ fù mǔ
仲可懷也　父母之言　　Zhòng kě huái yě / fù mǔ zhī yán
亦可畏也　　　　　　　Yì kě wèi yě

將仲子兮　無踰我牆　　Qiāng zhòng zǐ xī / wú yú wǒ qiáng
無折我樹桑　　　　　　Wú zhé wǒ shù sāng
豈敢愛之　畏我諸兄　　Qǐ gǎn ài zhī / wèi wǒ zhū xiōng
仲可懷也　諸兄之言　　Zhòng kě huái yě / zhū xiōng zhī yán
亦可畏也　　　　　　　Yì kě wèi yě

將仲子兮　無踰我園　　Qiāng zhòng zǐ xī / wú yú wǒ yuán
無折我樹檀　　　　　　Wú zhé wǒ shù tán
豈敢愛之　畏人之多言　Qǐ gǎn ài zhī / wèi rén zhī duō yán
仲可懷也　人之多言　　Zhòng kě huái yě / rén zhī duō yán
亦可畏也　　　　　　　Yì kě wèi yě

해제

남몰래 사랑을 나누는 젊은 남녀의 밀회를 노래한 것이다. 주희(朱熹)는 바람을 피우는 남녀의 일을 노래한 것이라 하였다.

주석

將(장) : 부탁하다. '請'의 뜻.
仲子(중자) : 남자의 자(字).
踰(유) : 넘다. '越'의 뜻. 我(아) : 이 시를 노래한 여자 자신. 里(리) : 스물 다섯 집. 주위에 도랑을 파거나 나무를 심어 경계(境界)로 하였다. 無踰는 바로 그런 경계를 넘어오지 말라는 뜻.
折(절) : 꺾다. **杞**(기) : 갯버들.
愛(애) : 아깝다. '惜'의 뜻. 「어찌 감히 아까워하리요 마는」
仲(중) : 중자(仲子).
諸兄(제형) : 한 집안의 어른들.
園(원) : 밭에 두른 울타리. 그 안에 나무를 심은 것이다.
檀(단) : 박달나무. 껍질이 푸르고 매끄러우며 재질이 강인해서 수레 만드는 데 쓰인다.

女曰雞鳴(nǚ yuē jī míng)

女曰雞鳴 士曰昧旦	Nǚ yuē jī míng / shì yuē mèi dàn
子興視夜 明星有爛	Zǐ xīng shì yè / míng xīng yǒu làn
將翱將翔 弋鳧與鴈	Jiāng áo jiāng xiáng / yì fú yǔ yàn
弋言加之 與子宜之	Yì yán jiā zhī / yǔ zǐ yí zhī
宜言飲酒 與子偕老	Yí yán yǐn jiǔ / yǔ zǐ xié lǎo
琴瑟在御 莫不靜好	Qín sè zài yù / mò bù jìng hǎo
知子之來之 雜佩以贈之	Zhī zǐ zhī lái zhī / zá pèi yǐ zèng zhī
知子之順之 雜佩以問之	Zhī zǐ zhī shùn zhī / zá pèi yǐ wèn zhī
知子之好之 雜佩以報之	Zhī zǐ zhī hào zhī / zá pèi yǐ bào zhī

해제

어진 부부가 서로 경계하며 단란하게 사는 것을 보고 시인이 아름답게 여겨서 지은 것이다. 작법상 부(賦)에 속한다.

주석

女(녀) : 아내를 가리킴.
士(사) : 남편을 가리킴.
昧旦(매단) : 날이 새려고 먼동이 틀 때. 어둑새벽. '昧'는 '晦'. '旦'은 '明'의 뜻.
子(자) : 아내가 남편을 부르는 말. 興(흥) : 일어나다.
視夜(시야) : 밤이 어떻게 되었는가 바깥을 보라는 뜻.
明星(명성) : 샛별. 금성. 계명성(啓明星)이라고도 하며 해 뜨기 전에 나타남.
爛(란) : 빛나다. 반짝이다. '有爛'은 '爛然'과 같은 말로 크게 빛나는 모양.
將(장) : 어조사. 翶翔(고상) : 밖에 나가 돌아다니는 것.
弋(익) : 주살. 鳧(부) : 물오리. 집오리 비슷하면서 푸른색이고 등에 무늬가 있다.
鴈(안) : 기러기. 「주살 쏘아 물오리와 기러기를 잡아오리다」
言(언) : 어조사. 加(가) : 쏘아 맞히는 것. '中'의 뜻. 「주살로 맞혀 잡아오시면」
與(여) : 위하여. '爲'의 뜻. 宜(의) : 맛있게 요리하는 것. 之(지) : 잡아

온 새.

宜(의) : 앞의 '宜'와 같은 뜻. **言**(언) : 어조사.

在御(재어) : 언제나 쓸 수 있도록 가까이에 있는 것. '御'는 '用'의 뜻.「금과 슬은 바로 곁에 있으니」

靜好(정호) : 안정(安靜)하고 화목한 것.「편안하고 화목하지 않을 리 없지」

來(래) : 손님을 모셔 오는 것.「당신이 손님 불러온다는 걸 알면」

雜佩(잡패) : 허리 좌우에 차는 여러 가지 패옥.

贈(증) : 손님이 돌아갈 때 준다는 뜻.

順(순) : 친애하는 것.

問(문) : 보내 주는 것. '遺'의 뜻.

山有扶蘇(shān yǒu fú sū)

山有扶蘇　隰有荷華　Shān yǒu fú sū / xí yǒu hé huā
不見子都　乃見狂且　Bù jiàn zǐ dū / nǎi jiàn kuáng jū

山有橋松　隰有游龍　Shān yǒu qiáo sōng / xí yǒu yóu lóng
不見子充　乃見狡童　Bù jiàn zǐ chōng / nǎi jiàn jiǎo tóng

해제

여인이 결혼하고서 남편이 못나고 교활한 남자인 것을 알고 후회하는 시이다. 주희는 음탕한 여자의 말이라고 하였다. 작법상 흥(興)

에 속한다.

주석

扶蘇(부소) : 어린 나무. 잔나무.
荷華(하화) : 연꽃. '華'는 '花'와 같은 자.
子都(자도) : 미모의 남자. 미남. '都'는 '美'의 뜻.
狂(광) : 미치광이. 광인. **且**(저) : 어조사.
橋松(교송) : 큰 소나무. '橋'는 '喬'와 같은 글자.
游(유) : 가지와 잎이 하느작거리는 것.
龍(룡) : 말여뀌. 잎이 크고 색이 희며 못 가운데 자란다.
子充(자충) : 앞의 '子都'와 같은 말.
狡童(교동) : 교활한 녀석.

褰 裳(qiān cháng)

子惠思我　褰裳涉溱　　Zǐ huì sī wǒ / qiān cháng shè Zhēn
子不我思　豈無他人　　Zǐ bù wǒ sī / qǐ wú tā rén
狂童之狂也且　　　　　Kuáng tóng zhī kuáng yě jū

子惠思我　褰裳涉洧　　Zǐ huì sī wǒ / qiān cháng shè Wěi
子不我思　豈無他士　　Zǐ bù wǒ sī / qǐ wú tā shì
狂童之狂也且　　　　　Kuáng tóng zhī kuáng yě jū

해제

남자의 식어 가는 애정을 나무라는 시이다. 작법상 부(賦)에 속한다.

주석

惠(혜) : 사랑하다. '愛'의 뜻. 「그대가 날 사랑하여 생각한다면」
褰(건) : 옷자락을 추어올리는 것.
溱(진) : 정(鄭)나라 강 이름. 하남성(河南省) 밀현(密縣)에서 발원하여, 동남으로 흘러 유수(洧水)와 합류함.
狂童(광동) : 미치고 교활한 녀석. 且(저) : 어조사. 이 구절은 자기를 생각해주지 않는 남자가 원망스러워 희롱하는 말이다. 「미친 녀석 미친지고!」
洧(유) : 역시 정나라 강 이름. 하남성 등봉현(登封縣)에서 발원하여, 동쪽 밀현(密縣)을 거쳐 대외진(大隗鎭)에서 진수(溱水)와 합류함.
士(사) : 아직 장가들지 않은 남자를 일컬음. 「어찌 딴 남자가 없을까?」

風 雨(fēng yǔ)

風雨淒淒　雞鳴喈喈　Fēng yǔ qī qī / jī míng jiē jiē
既見君子　云胡不夷　Jì jiàn jūn zǐ / yún hú bù yí

風雨瀟瀟　雞鳴膠膠　Fēng yǔ xiāo xiāo / jī míng jiāo jiāo

旣見君子　云胡不瘳　Jì jiàn jūn zǐ / yún hú bù chōu

風雨如晦　雞鳴不已　Fēng yǔ rú huì / jī míng bù yǐ
旣見君子　云胡不喜　Jì jiàn jūn zǐ / yún hú bù xǐ

해제

오랫동안 행역(行役)을 나갔다 돌아온 남편을 맞이한 아내의 기쁨을 읊은 시이다. 작법상 부(賦)에 속한다.

주석

凄凄(처처) : 날씨가 쌀쌀한 모양.
喈喈(개개) : 닭 우는 소리.
君子(군자) : 기다리던 남편을 가리킴.「우리 님 만났으니」
云胡(운호) : 어찌.
夷(이) : 평평하다. 마음이 편하다. '平'의 뜻.「어이 아니 편하리?」
瀟瀟(소소) : 비바람 소리.「비바람 쇄쇄 몰아치는데」
膠膠(교교) : 닭 우는 소리.
瘳(추) : 낫다. 병이 낫다. '愈'의 뜻.
如晦(여회) : 어두운 모양. '晦'는 '昏'의 뜻.
已(이) : 그치다. '止'의 뜻.

子 衿(zǐ jīn)

青青子衿	悠悠我心	Qīng qīng zǐ jīn / yōu yōu wǒ xīn
縱我不往	子寧不嗣音	Zòng wǒ bù wǎng / zǐ nìng bù sì yīn
青青子佩	悠悠我思	Qīng qīng zǐ pèi / yōu yōu wǒ sī
縱我不往	子寧不來	Zòng wǒ bù wǎng / zǐ nìng bù lái
挑兮達兮	在城闕兮	Tāo xī tà xī / zài chéng què xī
一日不見	如三月兮	Yī rì bù jiàn / rú sān yuè xī

해제

사랑하는 남자의 모습을 그리며 보고싶은 심정을 노래한 것이다. 작법상 부(賦)에 속한다.

주석

青青(청청) : 순전히 푸르기만 한 것.
子(자) : 남자를 가리킴.
衿(금) : 옷깃.
悠悠(유유) : 생각이 긴 것.
我(아) : 이 시를 노래하는 여자의 자칭.

縱(종) : 비록. '雖'의 뜻. 「비록 내가 못 간다 해도」
寧(녕) : 어찌. 嗣音(사음) : 소식을 전하는 것. 「어이 소식조차 없으
  신가?」
靑靑(청청) : 인끈의 색을 가리킴.
佩(패) : 패옥.
挑達(도달) : 할 일 없이 빈둥빈둥 쏘다님. '挑'는 '輕儇跳躍(경현도
  약)', 곧 경박하게 뛰는 모습이고, '達'은 방자(放恣)한 것.
闕(궐) : 성루(城樓).

出其東門(chū qí dōng mén)

出其東門　有女如雲　Chū qí dōng mén / yǒu nǚ rú yún
雖則如雲　匪我思存　Suī zé rú yún / fěi wǒ sī cún
縞衣綦巾　聊樂我員　Gǎo yī qí jīn / liáo lè wǒ yún

出其闉闍　有女如荼　Chū qí yīn dū / yǒu nǚ rú tú
雖則如荼　匪我思且　Suī zé rú tú / fěi wǒ sī jū
縞衣茹藘　聊可與娛　Gǎo yī rú lú / liáo kě yǔ yú

해제

한 여인에 대한 일편단심의 사랑을 읊은 남자의 연가이다. 작법 상 부(賦)에 속한다.

東門(동문) : 정(鄭)나라 성의 동쪽 문.
如雲(여운) : 구름처럼 아름답고 많은 모양.
思存(사존) : 마음 속에 있는 사람.
縞(호) : 희다. 綦(기) : 푸른 쑥 빛. '縞衣'와 '綦巾'은 가난하고 누추한 집안의 여자 복장으로 이 시의 작자는 그 여자를 자기의 아내로 지목하고 있다.
員(원) : '云'과 같은 어조사. 「나를 즐겁게 해 줄 것이리」
闉(인) : 성밖의 굽은 성.
闍(도) : 성문 층대.
荼(도) : 띠 꽃. 가볍고 희어 곱다.
且(저) : 어조사.
茹藘(여려) : 꼭두서니. 여기서는 이 풀로 붉게 물들인 의복의 색깔을 가리킨다. 「흰 저고리에 붉은 치마 두른 여자만이」
娛(오) : 즐기다. '樂'의 뜻. 「함께 즐길 만 하리」

溱 洧 (Zhēn Wěi)

溱與洧　方渙渙兮	Zhēn yǔ Wěi / fāng huàn huàn xī
士與女　方秉蕑兮	Shì yǔ nǚ / fāng bǐng jiān xī
女曰觀乎　士曰旣且	Nǚ yuē guān hū / shì yuē jì cú
且往觀乎洧之外	Qiě wǎng guān hū
洧訏且樂	Wěi zhī wài / xún xū qiě lè

維士與女　伊其相謔　　　　Wéi shì yǔ nǚ / yī qí xiāng xuè
贈之以勺藥　　　　　　　　Zèng zhī yǐ sháo yào

溱與洧　瀏其清矣　　　　　Zhēn yǔ Wěi / liú qí qīng yǐ
士與女　殷其盈矣　　　　　Shì yǔ nǚ / yīn qí yíng yǐ
女曰觀乎　士曰既且　　　　Nǚ yuē guān hū / shì yuē jì cú
且往觀乎　　　　　　　　　Qiě wǎng guān hū
洧之外　洵訏且樂　　　　　Wěi zhī wài / xún xū qiě lè
維士與女　伊其將謔　　　　Wéi shì yǔ nǚ / yī qí jiāng xuè
贈之以勺藥　　　　　　　　Zèng zhī yǐ sháo yào

 해제

　　남녀가 들에서 즐기는 내용을 담고 있다. 정나라 풍속에 3월 상사(上巳)날에 물가에서 난초를 따서 상서롭지 못한 일을 제거하는 행사가 있었다. 작법상 부(賦)이면서 흥(興)에 속한다.

주석

　　溱·洧(진·유) : 모두 정(鄭)나라의 강물 이름.
　　渙渙(환환) : 봄물이 성한 모양.「물이 한창 출렁이네」
　　士女(사녀) : 남자와 여자.
　　秉(병) : 잡다. **蕳**(간) : 난초.
　　觀(관) : 보다. 구경하다. 정나라에는 삼월 상사일(上巳日)에 물가에서
　　　　　　난초를 뜯어 재앙을 없애는 풍속이 있었다 함.「여자가 구

　　　　　경가요 하니」

旣(기) : 벌써 갔다 왔다는 뜻.
且(저) : 조(徂)와 상통. 가다. 「남자는 벌써 갔다 왔다 하네」
且(차) : 또. 「또 가서 구경해요」
洵(순) : 정말. 실로. '信'의 뜻.
訏(우) : 크다. 광대하다. '大'의 뜻. 「정말 넓고도 즐거워요」
維(유) : 이에. '於是'의 뜻.
相謔(상학) : 서로 시시덕거리는 것.
勻藥(작약) : 향초. 삼월에 꽃이 피며 향기와 색깔이 아름답다.
瀏(류) : 물이 깊은 모양.
殷(은) : 많다. '衆'의 뜻.
盈(영) : 차다. 진수(溱水)와 유수(洧水) 가를 가득 메웠다는 뜻.
將(장) : '相'의 오기(誤記)로 봄.

8. 제풍(齊風)

제나라는 주(周)나라 문왕(文王)의 공신인 태공망(太公望) 여상(呂尚)을 봉한 곳이다. 태공(太公)은 공상업을 일으키고 어업과 염전을 다스려서 백성이 모여 대국이 된 것이다. 전국(戰國)시대에는 전화(田和)가 제나라를 소유하여 전씨의 제후국이 되었다.

雞 鳴(jī míng)

雞旣鳴矣	朝旣盈矣	Jī jì míng yǐ / cháo jì yíng yǐ
匪雞則鳴	蒼蠅之聲	Fěi jī zé míng / cāng yíng zhī shēng
東方明矣	朝旣昌矣	Dōng fāng míng yǐ / cháo jì chāng yǐ
匪東方則明	月出之光	Fěi dōng fāng zé míng / yuè chū zhī guāng

蟲飛薨薨　甘與子同夢　　Chóng fēi hōng hōng / gān yǔ zǐ tóng mèng
會且歸矣　無庶予子憎　　Huì qiě guī yǐ / wú shù yú zǐ zēng

해제

제나라 애공(哀公)이 정사를 돌보지 않으매 어진 왕비가 주야로 임금에게 정사를 바르게 할 것을 재촉한다. 작법상 부(賦)에 속한다.

주석

朝(조) : 조정.
盈(영) : 백관들이 조회하러 가득 모인 것.
蒼蠅(창승) : 쉬파리.
昌(창) : 창성하다. 앞의 '盈'과 같이 백관들이 조정에 가득 모인 것.
薨薨(횡횡) : 벌레가 떼지어 나는 소리. 웅웅. 날이 새게 되면서 많은 벌레들이 날기 시작한 것이다.
甘(감) : 즐기고 싶은 것. '樂'의 뜻. 子(자) : 작자의 남편인 임금을 가리킴. 「당신과 단꿈을 즐기고 싶지만」
會且歸(회차귀) : 군신들이 조회하러 모였다가 임금이 나오지 않아 그냥 돌아가는 것.
庶(서) : 바라다. 予(여) : 나 때문에.
憎(증) : 미워하다. 여기서는 미움받는 것. 「나 때문에 당신이 미움받지 않길 바래요」

東方未明(dōng fāng wèi míng)

東方未明　顚倒衣裳　Dōng fāng wèi míng / diān dǎo yī cháng
顚之倒之　自公召之　Diān zhī dǎo zhī / zì gōng zhào zhī

東方未晞　顚倒裳衣　Dōng fāng wèi xī / diān dǎo cháng yī
倒之顚之　自公令之　Dǎo zhī diān zhī / zì gōng lìng zhī

折柳樊圃　狂夫瞿瞿　Zhé liǔ fán pǔ / kuáng fū jù jù
不能辰夜　不夙則莫　Bù néng chén yè / bù sù zé mù

해제

왕이 무질서한 생활을 하므로 대신(大臣)에게 명령이 일정치 않은 것을 풍자한 것이다. 작법상 제1·2장은 부(賦), 제3장은 비(比)에 속한다.

주석

顚倒(전도): 허둥대느라 아래·위 옷을 뒤바꿔 입는 것.「저고리 바지를 뒤바꿔 입네」
自(자): ~로부터. '從'의 뜻.
公(공): 임금의 처소.
召(소): 부르다.「임금의 처소에서 부르기 때문일세」

晞(희) : 먼동이 트는 것.「동녘엔 아직 먼동이 트지 않았는데」
樊(번) : 울타리.
圃(포) : 채소밭.「버들가지 꺾어 채소밭에 울 치면」
狂夫(광부) : 어리석은 미친 남자.
瞿瞿(구구) : 놀라 돌아보는 모양. 야들야들한 버들가지로 만든 채소밭의 울이야 믿을 것은 못되지만 어리석은 자라도 그걸 보면 놀라서 돌아보며 경계로 알고 함부로 들어가지 않는다는 뜻.
不能(불능) : '不能知'로 풀이.
辰夜(신야) : 아침과 저녁. '辰'은 '晨'과 통함.
夙(숙) : 이르다. '早'의 뜻.
莫(모) : 늦다. '暮'와 같은 글자. 이 구절은 임금이 신하들을 너무 이르게 아니면 너무 늦게 소집한다는 말.「너무 이르지 않으면 너무 늦게 부르시네」

南 山(nán shān)

南山崔崔	雄狐綏綏	Nán shān cuī cuī / xióng hú suí suí
魯道有蕩	齊子由歸	Lǔ dào yǒu dàng / Qí zǐ yóu guī
旣曰歸止	曷又懷止	Jì yuē guī zhǐ / hé yòu huái zhǐ
葛屨五兩	冠綏雙止	Gé jù wǔ liǎng / guàn ruí shuāng zhǐ
魯道有蕩	齊子庸止	Lǔ dào yǒu dàng / Qí zǐ yōng zhǐ
旣曰庸止	曷又從止	Jì yuē yōng zhǐ / hé yòu cóng zhǐ

蓺麻如之何　衡從其畝　　Yì má rú zhī hé / héng zòng qí mǔ
取妻如之何　必告父母　　Qǔ qī rú zhī hé / bì gào fù mǔ
旣曰告止　曷又鞠止　　　Jì yuē gào zhǐ / hé yòu jū zhǐ

析薪如之何　匪斧不克　　Xī xīn rú zhī hé / fěi fǔ bù kè
取妻如之何　匪媒不得　　Qǔ qī rú zhī hé / fěi méi bù dé
旣曰得止　曷又極止　　　Jì yuē dé zhǐ / hé yòu jí zhǐ

해제

제나라 양공(襄公)의 누이인 제자(齊子)가 노(魯)나라 환공(桓公)에게 시집갔으나, 양공이 제자를 잊지 못해하는 것을 풍자한 것이다. 곧 오누이간에 간통한 것이다. 여기서 누이는 문강(文姜)이다. 작법상 제1・2장은 비(比), 제3・4장은 흥(興)에 속한다.

주석

南山(남산) : 제(齊)나라의 남산.
崔崔(최최) : 높고 큰 모양.
雄狐(웅호) : 숫여우. 사악하고 간사한 짐승으로 여기서는 높은 자리에 있으면서 부정한 짓을 저지르는 제나라 양공(襄公)에 비유.
綏綏(수수) : 짝을 찾아다니는 모양.
魯道(노도) : 노나라로 가는 길.

蕩(탕) : 평탄한 모양.「노나라로 가는 길 평탄한데」
齊子(제자) : 제나라 임금의 딸. 문강(文姜)을 가리킴. 문강은 제나라 양공(襄公)의 누이이자 노나라 환공(桓公)의 부인으로 오빠인 양공과 정을 통하였다.
由(유) : 따르다. '從'의 뜻.「제나라 공주가 이 길 따라 시집갔었네」
曰·止(왈·지) : 모두 어조사.「이미 시집갔거늘」
曷(갈) : 어찌.「어찌 또 그리워하는가?」
葛屨(갈구) : 칡덩굴로 짠 신.
兩(량) : 짝. 켤레.「칡 신 다섯이 있어도 켤레를 이루는 짝이 있고」
緌(유) : 갓끈.「갓끈은 두 가닥이 한 쌍이네」 앞 구와 이 구는 사물에는 각기 제 짝이 있는 법이니 이를 어지럽혀서는 안 된다는 뜻.
庸(용) : '用'의 뜻. 이 길을 이용해 노나라로 시집갔다는 뜻.
從(종) : 쫓아다니는 것.
蓺(예) : 심다. '植'의 뜻.「삼을 심으려면 어떻게 하나」
衡從(횡종) : 가로로 하고 세로로 하는 것. '衡'은 '橫', '從'은 '縱'과 통함. 畝(묘) : 밭이랑.「가로 세로로 그 밭이랑을 갈지」
鞠(국) : 다하다. '窮'의 뜻. 문강이 자기 욕정을 궁극으로 몰고 가는 것을 말함.
不克(불극) : '不能'의 뜻.
媒(매) : 중매인. 옛날에는 아내를 맞이할 때 반드시 중매인을 세웠다.
極(극) : '窮'의 뜻.

甫 田(fŭ tián)

無田甫田　維莠驕驕　Wú tián fŭ tián / wéi yŏu jiāo jiāo
無思遠人　勞心忉忉　Wú sī yuǎn rén / láo xīn dāo dāo

無田甫田　維莠桀桀　Wú tián fŭ tián / wéi yŏu jié jié
無思遠人　勞心怛怛　Wú sī yuǎn rén / láo xīn dá dá

婉兮孌兮　總角丱兮　Wǎn xī luán xī / zŏng jiǎo guàn xī
未幾見兮　突而弁兮　Wèi jǐ jiàn xī / tū ér biàn xī

해제

멀리 떠나 있는 남편을 그리는 여인의 심정을 읊은 것이다. 작법상 비(比)에 속한다.

주석

田(전) : 밭. 여기서는 밭을 가는 것.
甫田(보전) : 큰 밭. '甫'는 '大'의 뜻.
莠(유) : 강아지풀.
驕驕(교교) : 무성하게 자라는 모양. 큰 밭은 힘들여 갈지 않으면 강아지풀 같은 잡초만 무성해진다는 뜻.
遠人(원인) : 멀리 있는 사람.
忉忉(도도) : 근심하고 고단한 모양. 이것은 당시 사람들이 작은 것은

꺼린 채 큰 것에만 힘쓰고, 가까운 것은 소홀히 한 채 먼 것만
을 도모하여 수고롭기만 하고 공이 없는 것을 경계한 것이다.

桀桀(걸걸) : 앞의 '驕驕'와 같은 말.

怛怛(달달) : 앞의 '忉忉'와 같은 말.

婉孌(완련) : 젊고 아름다운 모양.

丱(관) : 머리를 두 가닥으로 틀어 올린 모양.「쌍상투 튼 총각이」

未幾(미기) : 시간이 오래 걸리지 않는 것. 얼마 안 있어.

突而(돌이) : 돌연. 어느덧.

弁(변) : 관(冠) 이름. 이 구절은 총각의 어린이가 어느덧 자라 관을 쓴 어른이 되었다는 뜻.「어느덧 관을 썼구나」

9. 위풍(魏風)

위나라의 역사는 쥬(周)나라 초기에 시작되었고 노(魯)나라 민공(閔公) 2년(B.C. 660) 진(晉)나라 헌공(獻公)에 의해 멸망하였다. 그래서 위풍(魏風)의 시는 진(晉)나라의 작품과 상통한다. 위풍은 원망과 분노의 노래가 많아서 정치가 혼란하던 시기의 시들로 본다.

葛屨(gé jù)

糾糾葛屨　可以履霜　Jiū jiū gé jù / kě yǐ lǚ shuāng
摻摻女手　可以縫裳　Shān shān nǚ shǒu / kě yǐ féng cháng
要之襋之　好人服之　Yāo zhī jí zhī / hǎo rén fú zhī

好人提提　宛然左辟　Hǎo rén tí tí / wǎn rán zuǒ bì
佩其象揥　　　　　　Pèi qí xiàng tì

維是褊心　是以爲刺　Wéi shì biǎn xīn / shì yǐ wéi cì

해제

위나라는 작은 나라이므로 풍속이 검소하니 갓 시집온 새댁에게 시집오자마자 바느질을 시키는 성급함을 풍자한 것이다. 작법상 제1장은 흥(興), 제2장은 부(賦)에 속한다.

주석

糾糾(규규) : 짜임새가 엉성한 모양.
葛屨(갈구) : 칡신. 여름에 신고 겨울에는 가죽신을 신는다. 「엉성하게 짠 칡신으로」
摻摻(섬섬) : 곱고 가는 모양. '纖纖(섬섬)'과 같은 말.
女(녀) : 아직 묘당(廟堂)에 인사드리지 않은 지어미를 가리킴. 옛날에는 시집간지 석 달이 되어야 묘당에 인사드리고 바느질 같은 지어미로서 해야 할 일들을 맡았다.
要(요) : 바지 허리.
襋(극) : 저고리 깃. 여기서는 그런 것을 다는 것을 말함. 「바지 허리 달고 저고리 깃 달아」
好人(호인) : 대인(大人). 덕이 높은 존귀한 사람. 「존귀한 사람 입으셨네」
提提(제제) : 침착하고 점잖은 모양.
宛然(완연) : 사양하는 모양.
左辟(좌피) : 길에서 사람을 만나면 왼쪽으로 비켜 가는 것. '辟'은

'避'와 같은 글자.「정중히 왼쪽으로 비켜 가고」

象揥(상체) : 상아로 만든 빗치개. 귀인이 허리에 치고 다니는 장식품이다.「상아 빗치개를 차셨네」

褊心(편심) : 도량이 좁고 성급한 것.「다만 도량이 좁고 성급하니」

爲刺(위자) : 시 지어 풍자하는 것.「이리하여 시 지어 풍자하네」

陟岵(zhì hù)

陟彼岵兮	瞻望父兮	Zhì bǐ hù xī / zhān wàng fù xī
父曰嗟		Fù yuē Jiē
予子行役	夙夜無已	Yú zǐ xíng yì / sù yè wú yǐ
上慎旃哉	猶來無止	Shàng shèn zhān zāi / yóu lái wú zhǐ
陟彼屺兮	瞻望母兮	Zhì bǐ qǐ xī / zhān wàng mǔ xī
母曰嗟		Mǔ yuē Jiē
予季行役	夙夜無寐	Yú jì xíng yì / sù yè wú mèi
上慎旃哉	猶來無棄	Shàng shèn zhān zāi / yóu lái wú qì
陟彼岡兮	瞻望兄兮	Zhì bǐ gāng xī / zhān wàng xiōng xī
兄曰嗟		Xiōng yuē Jiē
予弟行役	夙夜必偕	Yú dì xíng yì / sù yè bì xié
上慎旃哉	猶來無死	Shàng shèn zhān zāi / yóu lái wú sǐ

해제

효자가 먼곳으로 부역을 가서 산에 올라 부모를 사모하는 정을 노래한 것이다. 힘이 약한 위나라는 주변 국가들로부터 위협과 고통을 겪어서 백성의 부역이 많았다. 작법상 부(賦)에 속한다.

주석

岵(호) : 산에 초목이 없는 것. 민둥산.
父(부) : 아버지가 계신 곳을 말함.
父曰(부왈) : 아버지가 자신을 염려하는 말을 상상하는 것임. 아래의 '母曰', '兄曰'도 같음.
嗟(차) : 감탄사. 子子(여자) : 내 아들.
行役(행역) : 나라의 토목공사나 변방수비에 끌려나가는 것. 「아버지 말씀이 아아! 내 아들이 싸움터에 나가」
夙夜(숙야) : 아침저녁으로 혹은 밤낮으로.
無已(무이) : 그침이 없음. 끊임없이 일만하고 쉬지 못하는 것. '已'는 '止'의 뜻.
上(상) : 바라다. '尙(바랄 상)'과 같은 글자.
旃(전) : 어조사.
來(래) : 돌아오다.
無止(무지) : 머물러 있지 말라는 뜻. 혹은 '止'를 '獲'의 뜻으로 보아 포로로 잡혀 있지 말라는 뜻.
屺(기) : 산에 초목이 있는 것.
季(계) : 막내아들. 막둥이. 특히 막둥이가 애틋한 것은 부인의 마음이다.

棄(기) : 죽어 시신이 버려지는 것. 이 구절은 살아서 돌아오라는 뜻.
岡(강) : 산등성이.
必偕(필해) : 부역하는 동료들과 함께 일하고 쉬어야 하므로 자유롭지 못한 것.

伐 檀(fá tán)

坎坎伐檀兮　寘之河之干兮	Kǎn kǎn fá tán xī / zhì zhī Hé zhī gān xī
河水淸且漣猗	Hé shuǐ qīng qiě lián yī
不稼不穡　胡取禾三百廛兮	Bù jià bù sè / hú qǔ hé sān bǎi chán xī
不狩不獵　胡瞻爾庭有縣貆兮	Bù shòu bù liè / hú zhān ěr tíng yǒu xuán huán xī
彼君子兮　不素餐兮	Bǐ jūn zǐ xī / bù sù cān xī
坎坎伐輻兮　寘之河之側兮	Kǎn kǎn fá fú xī / zhì zhī Hé zhī cè xī
河水淸且直猗	Hé shuǐ qīng qiě zhí yī
不稼不穡　胡取禾三百億兮	Bù jià bù sè / hú qǔ hé sān bǎi yì xī
不狩不獵　胡瞻爾庭有縣特兮	Bù shòu bù liè / hú zhān ěr tíng yǒu xuán tè xī

彼君子兮　不素食兮　　　Bǐ jūn zǐ xī / bù sù shí xī

坎坎伐輪兮　寘之河之漘兮　Kǎn kǎn fá lún xī / zhì zhī Hé zhī chún xī

河水清且淪猗　　　　　　Hé shuǐ qīng qiě lún yī

不稼不穡　胡取禾三百囷兮　Bù jià bù sè / hú qǔ hé sān bǎi qūn xī

不狩不獵　胡瞻爾庭有縣鶉兮　Bù shòu bù liè / hú zhān ěr tíng yǒu xuán chún xī

彼君子兮　不素飧兮　　　Bǐ jūn zǐ xī / bù sù sūn xī

해제

소인배가 높은 관직에 있으면서 나라의 녹(祿)만 축내는 것을 풍자하였다. 박달나무를 베어서 황하 강가에 놓는다 함은 인재를 등용하지 않음을 비유한 것이다. 작법상 비(比)에 속한다.

주석

坎坎(감감) : 칼 쓰는 소리.
伐檀(벌단) : 박달나무를 찍어 수레 만드는 것을 말함.「쾅쾅 박달나무 찍어」
寘(치) : 두다. '置'와 통함.
干(간) : 가. 끝.
漣(련) : 바람불어 물결이 이는 것.

猗(의) : '兮'와 같은 어조사.
稼(가) : 씨 뿌리는 것.
穡(색) : 거둬들이는 것.
廛(전) : 한 범부가 받는 논밭. 여기서는 그에 해당하는 몫의 조세를 받아낸다는 뜻. 「어찌 벼 삼백 부의 몫을 받아냈나」
狩獵(수렵) : 사냥.
爾(이) : 탐욕스런 관리를 가리킴.
縣(현) : 걸다. '懸'과 통함.
貆(환) : 담비.
素餐(소찬) : 하는 일없이 먹기만 하는 것. '素'는 '空'의 뜻.
輻(복) : 수레바퀴 살.
直(직) : 물결 무늬가 곧은 것을 말함.
億(억) : 십만. 수많은 볏단이라는 뜻.
特(특) : 세살 된 짐승.
漘(순) : 물가.
淪(륜) : 산들바람으로 물결이 이는 것을 말함.
囷(균) : 둥근 곳집.
鶉(순) : 메추라기.
飧(손) : 음식을 익히는 것.

碩鼠(shuò shǔ)

碩鼠碩鼠　無食我黍　　Shuò shǔ shuò shǔ / wú shí wǒ shǔ

三歲貫女	莫我肯顧	Sān suì guàn rǔ / mò wǒ kěn gù
逝將去女	適彼樂土	Shì jiāng qù rǔ / shì bǐ lè tǔ
樂土樂土	爰得我所	Lè tǔ lè tǔ / yuán dé wǒ suǒ
碩鼠碩鼠	無食我麥	Shuò shǔ shuò shǔ / wú shí wǒ mài
三歲貫女	莫我肯德	Sān suì guàn rǔ / mò wǒ kěn dé
逝將去女	適彼樂國	Shì jiāng qù rǔ / shì bǐ lè guó
樂國樂國	爰得我直	Lè guó lè guó / yuán dé wǒ zhí
碩鼠碩鼠	無食我苗	Shuò shǔ shuò shǔ / wú shí wǒ miáo
三歲貫女	莫我肯勞	Sān suì guàn rǔ / mò wǒ kěn láo
逝將去女	適彼樂郊	Shì jiāng qù rǔ / shì bǐ lè jiāo
樂郊樂郊	誰之永號	Lè jiāo lè jiāo / shuí zhī yǒng hào

해제

위나라 사람이 위정자의 학정에 견디지 못하고 떠나려는 심정을 읊은 시이다. 큰 쥐는 가렴주구(苛斂誅求)하는 위정자를 비유한다. 작법상 비(比)에 속한다.

주석

碩鼠(석서) : 큰 쥐. '碩'은 '大'의 뜻. 가렴주구하는 관리에 비유.
無(무) : '勿'의 뜻.

三歲(삼세) : 삼 년. 여기서는 세월이 오랜 것을 말함.
貫(관) : 익히다. '習'의 뜻. 혹은 섬기다. '事'의 뜻.
女(여) : 너. '汝'와 같은 글자.
顧(고) : 생각해주는 것. '念'의 뜻. 「나를 생각해주려 않는구나」
逝(서) : 가다. '往'의 뜻. 발어사로 보기도 함. 「장차 네 곁을 떠나」
適(적) : 가다. '之'의 뜻.
樂土(낙토) : 즐거운 땅. 「즐거운 땅으로 가리라」
爰(원) : 거기에서. '於'와 같음.
我所(아소) : 내가 살 곳. 내 보금자리.
德(덕) : '歸恩'의 뜻으로 은덕을 돌려주는 것.
直(직) : 살기에 마땅한 곳. '宜'의 뜻.
勞(로) : 고생한 것. 「내가 고생한 것 생각하려 않는구나」
永號(영호) : 길게 울부짖는 것. '永'의 '長'의 뜻.

10. 당풍(唐風)

당은 고대 요(堯)임금이 도읍하였던 지역이다. 당나라는 주나라 성왕(成王, B.C. 1115-1079 재위)이 숙우(叔虞)를 봉(封)한 데서 시작된다. 그 후에 아들 섭(燮)이 국호를 진(晉)이라 하여 곡옥(曲沃)으로 옮겼다. 그래서 당풍(唐風)을 진풍(晉風)으로 보기도 하나, 옛 당(唐) 지역에서 나온 시들이므로 당풍이라 한 것이다.

蟋蟀(xī shuài)

蟋蟀在堂	歲聿其莫	Xī shuài zài táng / suì yù qí mù
今我不樂	日月其除	Jīn wǒ bù lè / rì yuè qí zhù
無已大康	職思其居	Wú yǐ tài kāng / zhí sī qí jū
好樂無荒	良士瞿瞿	Hào lè wú huāng / liáng shì jù jù
蟋蟀在堂	歲聿其逝	Xī shuài zài táng / suì yù qí shì

今我不樂　日月其邁　Jīn wǒ bù lè / rì yuè qí mài
無已大康　職思其外　Wú yǐ tài kāng / zhí sī qí wài
好樂無荒　良士蹶蹶　Hào lè wú huāng / liáng shì guì guì

蟋蟀在堂　役車其休　Xī shuài zài táng / yì jū qí xiū
今我不樂　日月其慆　Jīn wǒ bù lè / rì yuè qí tāo
無已大康　職思其憂　Wú yǐ tài kāng / zhí sī qí yōu
好樂無荒　良士休休　Hào lè wú huāng / liáng shì xiū xiū

해제

척박한 지역인 당나라는 풍속이 근면하고 검소하여 하루 종일 일하고 해 저물면 한가로이 즐겁게 노니는데 항상 본분을 잊지 말 것을 경계하였다. 작법상 부(賦)에 속한다.

주석

蟋蟀(실솔) : 귀뚜라미.
聿(율) : 드디어. '遂'의 뜻.
莫(모) : 저물다. '暮'와 같은 글자. 「이 해도 드디어 저물어 가는구나」
除(제) : 세월이 흘러가는 것. '去'의 뜻. 「세월은 덧없이 흘러가리」
無已(무이) : 끝없는 것.
大康(태강) : 지나치게 즐기는 것.
職(직) : 주요한 것. '主'의 뜻.
其居(기거) : 그 처해진 바. 곧 처지. 「주요한 것은 그 처해진 바를 생각하는 것일세」

好樂(호락) : 즐기는 것을 좋아함.
無荒(무황) : 지나침이 없는 것. 「즐기는 걸 좋아하면서 지나침이 없도록」
瞿瞿(구구) : 물러나 돌아보는 모양. 곧 삼가고 조심하는 것. 「훌륭한 선비는 삼가고 조심하네」
逝(서) : 가다. '去'의 뜻.
邁(매) : 가다. 앞의 '逝'와 같은 뜻.
外(외) : 사변(事變)같은 뜻밖의 일.
蹶蹶(궤궤) : 움직이면서 일에 민첩한 것.
役車(역거) : 짐수레. 여기서는 짐수레를 타는 것.
休(휴) : 해가 저물어 모든 일을 멈추는 것. 「짐수레 타는 일도 쉬게 되는구나」
慆(도) : 지나다. '過'의 뜻.
休休(휴휴) : 편안하고 한가한 모양. 훌륭한 선비는 즐기는 데 절도가 있고 음탕하지 않으므로 편안한 것이다.

山有樞(shān yǒu ōu)

山有樞　隰有楡	Shān yǒu ōu / xí yǒu yú
子有衣裳　弗曳弗婁	Zǐ yǒu yī cháng / fú yè fú lóu
子有車馬　弗馳弗驅	Zǐ yǒu jū mǎ / fú chí fú qū
宛其死矣　他人是愉	Wǎn qí sǐ yǐ / tā rén shì yú

山有栲　隰有杻　　　Shān yǒu kǎo / xí yǒu niǔ
子有廷內　弗洒弗埽　Zǐ yǒu tíng nèi / fú sǎ fú sǎo
子有鐘鼓　弗鼓弗考　Zǐ yǒu zhōng gǔ / fú gǔ fú kǎo
宛其死矣　他人是保　Wǎn qí sǐ yǐ / tā rén shì bǎo

山有漆　隰有栗　　　Shān yǒu qī / xí yǒu lì
子有酒食　何不日鼓瑟　Zǐ yǒu jiǔ shí / hé bù rì gǔ sè
且以喜樂　且以永日　Qiě yǐ xǐ lè / qiě yǐ yǒng rì
宛其死矣　他人入室　Wǎn qí sǐ yǐ / tā rén rù shì

해제

너무 검소하게 지내며 때에 따라 쉬고 즐기지 못하면 뒤에는 후회하게 된다는 것이다. 작법상 흥(興)에 속한다.

주석

杻(우) : 스무나무. '櫙(스무나무 우)'와 같은 글자.
楰(유) : 느릅나무.
隰(습) : 습지. 진펄.
曳(예) : 끌다.
婁(루) : '曳'와 같은 뜻. 「옷자락 끌지도 입지도 않네」
馳(치) : 달리다. '走'의 뜻.
驅(구) : 몰다. 채찍질하여 달리게 하다. '策'의 뜻.
宛(완) : 앉아서 죽음을 당하는 모습.

愉(유) : 즐기다. '樂'의 뜻. 이 구절은 그대가 죽으면 다른 사람들이 그대 물건들을 차지하여 즐기게 된다는 뜻.

栲(고) : 멀구슬나무. 가죽나무 비슷하면서 색깔이 좀 희다.

杻(뉴) : 감탕나무. 잎이 은행나무 비슷하면서 뾰족한 이 나무는 색깔이 희고 껍질이 붉으며 결이 굴곡져 활대 만드는 재료로 쓰임.

廷(정) : 뜰. '庭'과 같은 글자.

洒(쇄) : 물을 뿌리다. 埽(소) : 쓸다.

鼓(고) : 치다. 두드리다. '擊'의 뜻.

保(보) : 차지하다.

且(차) : 잠시. 喜樂(희락) : 재미있게 즐기는 것.

永日(영일) : 하루해를 길게 늘이는 것. 「잠시 하루해를 길게 늘여 보세」

入室(입실) : 집에 들어가 모든 것을 차지하는 것.

綢 繆(chóu móu)

綢繆束薪	三星在天	Chóu móu shù xīn / sān xīng zài tiān
今夕何夕	見此良人	Jīn xī hé xī / jiàn cǐ liáng rén
子兮子兮	如此良人何	Zǐ xī zǐ xī / rú cǐ liáng rén hé
綢繆束芻	三星在隅	Chóu móu shù chú / sān xīng zài yú
今夕何夕	見此邂逅	Jīn xī hé xī / jiàn cǐ xiè hòu

子兮子兮　如此邂逅何　Zǐ xī zǐ xī / rú cǐ xiè hòu hé

綢繆束楚　三星在戶　Chóu móu shù chǔ / sān xīng zài hù
今夕何夕　見此粲者　Jīn xī hé xī / jiàn cǐ càn zhě
子兮子兮　如此粲者何　Zǐ xī zǐ xī / rú cǐ càn zhě hé

해제

어지럽고 살기 힘든 상황에서 혼기를 놓쳤던 남녀가 마침내 결혼할 수 있었던 기쁨을 시인이 노래한 것이다. 제1장은 여자가 혼자하는 말이고, 제2장은 부부가 서로 나누는 말이며, 제3장은 남편이 여자에게 건네는 말이다. 시에 해후(邂逅)란 말이 나오는 것으로 보아 정상적인 부부가 아니라 남녀의 밀회(密會)로 보는 설도 있다. 작법상 흥(興)에 속한다.

주석

綢繆(주무) : 땔나무 따위를 단으로 얽어 묶는 것. 「칭칭 땔나무 묶자하니」

三星(삼성) : 심성(心星). 28수(宿) 가운데 다섯째 별로 저녁 때 동쪽 하늘에 뜬다.

良人(양인) : 좋은 사람. 남편을 일컫는 말.

芻(추) : 꼴.

隅(우) : 동남쪽 모퉁이.

邂逅(해후) : 서로 만나는 것.
楚(초) : 싸리나무.
戶(호) : 남쪽으로 트인 방 문.
粲者(찬자) : 어여쁜 사람. 아내를 일컬음. '粲'은 '美'의 뜻. 일설에는, 여자 셋. 곧 한 아내와 두 첩을 말한다고 함.

杕 杜(dì dù)

有杕之杜　其葉湑湑　　Yǒu dì zhī dù / qí yè xǔ xǔ
獨行踽踽　豈無他人　　Dú xíng jǔ jǔ / qǐ wú tā rén
不如我同父　　　　　　Bù rú wǒ tóng fù
嗟行之人　胡不比焉　　Jiē xíng zhī rén / hú bù bǐ yān
人無兄弟　胡不佽焉　　Rén wú xiōng dì / hú bù cì yān

有杕之杜　其葉菁菁　　Yǒu dì zhī dù / qí yè jīng jīng
獨行睘睘　豈無他人　　Dú xíng qióng qióng / qǐ wú tā rén
不如我同姓　　　　　　Bù rú wǒ tóng xìng
嗟行之人　胡不比焉　　Jiē xíng zhī rén / hú bù bǐ yān
人無兄弟　胡不佽焉　　Rén wú xiōng dì / hú bù cì yān

해제

형제도 없이 고독하게 지내는 외로운 마음을 노래한 것이다. 작법상 흥(興)에 속한다.

주석

杕(체) : 나무 한 그루가 우뚝 서 있는 모양.
杜(두) : 아가위나무. 능금나무과에 속하는 낙엽 교목. 흰 꽃이 피고 열매는 붉은 빛을 띰.
湑湑(서서) : 무성한 모양.
踽踽(우우) : 혼자 가는 모양. 외로운 모양.
同父(동부) : 아버지를 같이하는 사람. 곧 형제.
嗟(차) : 감탄사. 아아.
行之人(행지인) : 길가는 사람.
比(비) : 도우며 가까이 하는 것. '輔(도울 보)'의 뜻. 「어찌 가까이 하려 하지 않나」
人(인) : 사람으로서 '나'라는 뜻. 「사람으로서 이 몸은 형제가 없거늘」
佽(차) : 돕다. '助'의 뜻.
菁菁(청청) : 무성한 모양.
睘睘(경경) : 의지할 곳이 없는 모양.

11. 진풍(秦風)

하(夏)나라의 치수(治水)사업을 도왔던 백익(伯益)의 후손 비자(非子)가 주(周) 효왕(孝王)을 섬겨서 진(秦)을 채읍(採邑)으로 받았다. 진나라가 후에 육국(六國)을 합병하여 천하통일을 하지만 초기엔 미개지로서 거마(車馬)와 예악(禮樂)도 없었다. 진중(秦仲)에 이르러 문물제도를 알게 되고 주나라 평왕(平王, B.C. 770~720) 때에 진중의 손자인 양공(襄公)을 제후로 봉하였다.

車 鄰(jū lín)

有車鄰鄰　有馬白顚　　Yǒu jū lín lín / yǒu mǎ bái diān
未見君子　寺人之令　　Wèi jiàn jūn zǐ / sì rén zhī lìng

阪有漆　隰有栗　　　　Bǎn yǒu qī / xí yǒu lì

既見君子　並坐鼓瑟　　Jì jiàn jūn zǐ / bìng zuò gǔ sè
今者不樂　逝者其耋　　Jīn zhě bù lè / shì zhě qí dié

阪有桑　隰有楊　　　　Bǎn yǒu sāng / xí yǒu yáng
既見君子　並坐鼓簧　　Jì jiàn jūn zǐ / bìng zuò gǔ huáng
今者不樂　逝者其亡　　Jīn zhě bù lè / shì zhě qí wáng

해제

진나라에 거마와 예악이 처음 들어오니 기뻐서 지은 것이다. 작법상 제1장은 부(賦), 제2·3장은 흥(興)에 속한다.

주석

鄰鄰(인린) : 여러 수레가 굴러가는 소리. 덜컹덜컹.
白顚(백전) : 이마에 흰털이 난 것. '顚'은 '額(이마 액)'의 뜻.
君子(군자) : 진중(秦仲)을 가리킴. 진중은 진(秦) 나라 양공(襄公)의 조부.
寺人(시인) : 궁전 안에 있는 신분이 낮은 신하.
令(령) : 시키다. '使'의 뜻. 진중은 처음에 거마(車馬)와 시인(寺人)을 거느리고 있었으므로 그를 보려는 사람은 반드시 먼저 시인을 통해야 한다는 뜻.
阪(판) : 산비탈.
漆(칠) : 옻나무.
逝者(서자) : 세월이 흘러가는 것.

耋(질) : 팔십 나이의 노인. 여기서는 그만큼 늙어 가는 것을 말한다.
「세월은 흘러 늙어지리라」
簧(황) : 생황. 가운데에 얇은 금속 조각이 있어 생황을 불면 진동하여 소리가 남.

蒹 葭(jiān jiā)

蒹葭蒼蒼	白露爲霜	Jiān jiā cāng cāng / bái lù wéi shuāng
所謂伊人	在水一方	Suǒ wèi yī rén / zài shuǐ yī fāng
遡洄從之	道阻且長	Sù huí cóng zhī / dào zǔ qiě cháng
遡游從之	宛在水中央	Sù yóu cóng zhī / wǎn zài shuǐ zhōng yāng

蒹葭凄凄	白露未晞	Jiān jiā qī qī / bái lù wèi xī
所謂伊人	在水之湄	Suǒ wèi yī rén / zài shuǐ zhī méi
遡洄從之	道阻且躋	Sù huí cóng zhī / dào zǔ qiě jī
遡游從之	宛在水中坻	Sù yóu cóng zhī / wǎn zài shuǐ zhōng chí

蒹葭采采	白露未已	Jiān jiā cǎi cǎi / bái lù wèi yǐ
所謂伊人	在水之涘	Suǒ wèi yī rén / zài shuǐ zhī sì
遡洄從之	道阻且右	Sù huí cóng zhī / dào zǔ qiě yòu
遡游從之	宛在水中沚	Sù yóu cóng zhī / wǎn zài shuǐ zhōng zhǐ

해제

만나고 싶은 사람을 못 만나는 안타까운 심정을 읊은 것이다. 강물은 연인의 장애물이다. 작법상 부(賦)에 속한다.

주석

蒹葭(겸가) : 모두 갈대의 일종. '蒹'은 달풀 비슷한 풀. '葭'는 갈대.
蒼蒼(창창) : 무성한 모양.
伊人(이인) : 그 이.
一方(일방) : 저쪽.
遡洄(소회) : 물결을 거슬러 올라가는 것.
之(지) : '伊人'을 가리킴. 「거슬러 올라가 그이를 좇으려니」
阻(조) : 험하다. 長(장) : 멀다.
遡游(소유) : 물결 따라 내려가는 것.
宛(완) : 앉아서도 보일 만큼 가까운 것.
在水中央(재수중앙) : 물 한 가운데 있다는 것이 본뜻이나. 여기서는 가까워도 갈 수가 없는 것을 말함. 「가까이 물 한가운데에 있는 듯하네」
凄凄(처처) : 앞의 '蒼蒼'과 같은 말.
晞(희) : 마르다. '乾'의 뜻.
湄(미) : 강물과 풀이 만나는 곳. 물가.
躋(제) : 오르다. '升'의 뜻. 여기서는 언덕을 오르듯이 힘이 드는 것을 말함.
坻(지) : 강 가운데의 모래 섬.

采采(채채) : 이 역시 앞의 '凄凄'와 같은 말.
已(이) : 그치다.
涘(사) : 물가. 강기슭.
右(우) : 우회하다.「길은 험하고 빙 도네」
沚(지) : 강 가운데의 조그마한 섬.

黃 鳥(huáng niǎo)

交交黃鳥	止于棘	Jiāo jiāo huáng niǎo / zhǐ yú jí
誰從穆公	子車奄息	Shuí cóng Mù gōng / Zǐ jū Yǎn xī
維此奄息	百夫之特	Wéi cǐ Yǎn xī / bǎi fū zhī tè
臨其穴	惴惴其慄	Lín qí xué / zhuì zhuì qí lì
彼蒼者天	殲我良人	Bǐ cāng zhě tiān / jiān wǒ liáng rén
如可贖兮	人百其身	Rú kě shú xī / rén bǎi qí shēn

交交黃鳥	止于桑	Jiāo jiāo huáng niǎo / zhǐ yú sāng
誰從穆公	子車仲行	Shuí cóng Mù gōng / Zǐ jū Zhòng háng
維此仲行	百夫之防	Wéi cǐ Zhòng háng / bǎi fū zhī fáng
臨其穴	惴惴其慄	Lín qí xué / zhuì zhuì qí lì
彼蒼者天	殲我良人	Bǐ cāng zhě tiān / jiān wǒ liáng rén
如可贖兮	人百其身	Rú kě shú xī / rén bǎi qí shēn

交交黃鳥	止于楚	Jiāo jiāo huáng niǎo / zhǐ yú chǔ

誰從穆公	子車鍼虎	Shuí cóng Mù gōng / Zǐ jū Zhēn hǔ
維此鍼虎	百夫之禦	Wéi cǐ Zhēn hǔ / bǎi fū zhī yù
臨其穴	惴惴其慄	Lín qí xué / zhuì zhuì qí lì
彼蒼者天	殲我良人	Bǐ cāng zhě tiān / jiān wǒ liáng rén
如可贖兮	人百其身	Rú kě shú xī / rén bǎi qí shēn

해제

진나라의 목공(穆公)이 죽자 자거(子車)의 세 아들이며 현명한 신하인 엄식(奄息)·중항(仲行)·침호(鍼虎) 3형제를 순장시킨 것을 슬퍼하여 지은 것이다. 작법상 흥(興)에 속한다.

주석

交交(교교) : 날아서 오가는 모양.
黃鳥(황조) : 꾀꼬리.
止(지) : 앉다. **棘**(극) : 가시나무.
從(종) : 여기서는 따라 죽는 것. '殉(따라 죽을 순)'의 뜻. 진(秦)나라 목공(穆公)이 사망했을 때 그의 유명(遺命)에 따라 이른바 삼량(三良)이라 불린 자거(子車)씨의 세 아들, 곧 이 시에 나오는 엄식(奄息)·중항(仲行)·침호(鍼虎)가 순사(殉死)했다. 그러자 진나라 사람들은 이들의 죽음을 슬퍼하여 황조(黃鳥)를 지어 불렀다 한다.
子車(자거) : 성씨. **奄息**(엄식) : 이름. 이하 중항(仲行)·침호(鍼虎)도 마찬가지.

維(유) : 어조사.

特(특) : 걸출한 것.「백 사람의 으뜸이었지」

穴(혈) : 무덤 구덩이. 묘혈(墓穴).

惴惴(췌췌) : 두려워하는 모양.

慄(률) : 두려워하다. '懼'의 뜻. 이것은 엄식(奄息) 등이 무덤 속에 생 매장될 때의 모습이다.「두려워 부들부들 떠셨네」

殲(섬) : 다 죽이다.

良人(양인) : 훌륭한 사람. 엄식 등을 가리킴.

如(여) : 만약.

贖(속) : 속바치다. 여기서는 다른 사람의 죽음으로 엄식의 목숨을 되사는 것.「만약 그분의 목숨을 되살 수 있다면」

百(백) : 몸을 백 번 바쳐 바꾸는 것.「사람들은 제 몸을 백 번 바쳤을 것이리」

防(방) : 당하다. '當'의 뜻. 한 사람이 백 사람을 당해내는 것.

禦(어) : 이 역시 '當'의 뜻.

權 輿(quán yú)

於我乎　夏屋渠渠　　Yú wǒ hū / xià wū qú qú
今也每食無餘　　　　Jīn yě měi shí wú yú
于嗟乎　不承權輿　　Xū jiē hū / bù chéng quán yú

於我乎　每食四簋　　Yú wǒ hū / xià wū sì guǐ

今也每食不飽　　Jīn yě měi shí bù bǎo
于嗟乎　不承權輿　Xū jiē hū / bù chéng quán yú

해제

임금이 처음에는 어진 신하를 예로써 대접하다가 오래지 않아 대접이 소홀하매, 어진 신하가 임금의 처음과 끝이 한결같지 아니함을 탄식한 것이다. 작법상 부(賦) 속한다.

주석

於我乎(어아호) : 임금이 처음 나를 대할 때는.
夏(하) : 크다. '大'의 뜻.
渠渠(거거) : 집이 깊숙하고 넓은 모양. 「깊숙하고 넓은 큰 집 내리시더니」
無餘(무여) : 남는 것 없이 빠듯하다는 뜻.
于嗟乎(우차호) : 탄식하는 소리. 아아.
權輿(권여) : 처음. '始'의 뜻. 이 구절은 대접이 처음 같지 않다는 뜻.
簋(궤) : 궤. 서직(黍稷)을 담는 제기(祭器). 바깥쪽은 둥글고, 안 쪽은 네모짐. 사궤(四簋)는 예식(禮食)이 성대한 것을 말함. 곧 성찬(盛饌)의 뜻.

12. 진풍(陳風)

　진(陳)나라 땅은 복희씨(伏羲氏)가 다스리던 지역으로서 순(舜)임금의 후손인 우알보(虞閼父)가 주(周)나라 무왕(武王)의 도정(陶正-질그릇 굽는 일을 관장하는 관리)을 지낸 바, 재주 있고 순임금의 후손인 점을 높이사서 그의 아들 규만(嬀滿)을 진(陳)나라에 봉하고 완구(宛丘)에 도읍을 정하였다. 진나라 지역은 평야이어서 명산대천이 없었고, 풍속상 무격(巫覡)과 가무를 좋아하였다.

宛 丘(wǎn qiū)

子之湯兮　宛丘之上兮　　Zǐ zhī dàng xī / wǎn qiū zhī shàng xī
洵有情兮　而無望兮　　　Xún yǒu qíng xī / ér wú wàng xī

坎其擊鼓　宛丘之下　　　Kǎn qí jī gǔ / wǎn qiū zhī xià

無冬無夏　值其鷺羽　　Wú dōng wú xià / zhí qí lū yǔ

坎其擊缶　宛丘之道　　Kǎn qí jī fǒu / wǎn qiū zhī dào
無冬無夏　值其鷺翿　　Wú dōng wú xià / zhí qí lū dào

해제

임금과 귀족들이 방탕하게 노는 것을 풍자한 것이다. 완구(宛丘)는 유락처(遊樂處)로 유명하였다. 작법상 부(賦)에 속한다.

주석

子(자) : 그대. 방탕한 사람을 가리킴.
湯(탕) : 방탕한 것.
宛丘(완구) : 사방이 높고 가운데가 들어간 언덕. 뒤에는 지명이 됨.
洵(순) : 진실로. '信'의 뜻.
有情(유정) : 즐기는 데 마음이 있는 것.
無望(무망) : 바라볼 만한 위의(威儀)가 없는 것.
坎(감) : 북 치는 소리.
無冬無夏(무동무하) : 시도 때도 없이 언제나 나와 논다는 뜻. 「겨울 여름 없이」
值(치) : 물건을 쥐거나 드는 것. '持'의 뜻.
鷺羽(노우) : 해오라기 깃으로 만든 손 부채.
缶(부) : 중두리를 뉘어 놓은 것 같은 질그릇. 이를 쳐서 박자를 맞춤.

翿(도) : 새 깃으로 만든 손 부채. 앞의 '羽'와 같은 말.

東門之池(dōng mén zhī chí)

東門之池　可以漚麻　　Dōng mén zhī chí / kě yǐ òu má
彼美淑姬　可與晤歌　　Bǐ měi shū jī / kě yǔ wù gē

東門之池　可以漚紵　　Dōng mén zhī chí / kě yǐ òu zhù
彼美淑姬　可與晤語　　Bǐ měi shū jī / kě yǔ wù yǔ

東門之池　可以漚菅　　Dōng mén zhī chí / kě yǐ òu jiān
彼美淑姬　可與晤言　　Bǐ měi shū jī / kě yǔ wù yán

해제

진나라의 풍속이 혼탁하여 남녀가 밖에서 밀회하는 것을 담고 있다. 작법상 흥(興)에 속한다.

주석

東門(동문) : 진(陳)나라 도성(都城)의 동쪽 문.
池(지) : 성지(城池). 해자(垓字).
漚(구) : 담그다. '漬(담글 지)'의 뜻. 삼 껍질 따위를 벗기기 쉽게 물에 담그는 것.
淑姬(숙희) : 좋은 아가씨. '淑'은 '善'의 뜻, '姬'는 여자에 대한 미칭(美稱).
晤(오) : 만나다.
紵(저) : 모시.
菅(관) : 왕골. 잎이 띠풀 비슷하면서 매끄럽고 줄기에는 흰 가루가 있으며 부드럽고 질겨 새끼 재료로 쓰인다.

月 出(yuè chū)

月出皎兮　佼人僚兮　　Yuè chū jiǎo xī / jiǎo rén liǎo xī
舒窈糾兮　勞心悄兮　　Shū yǎo jiǎo xī / láo xīn qiǎo xī

月出皓兮　佼人懰兮　　Yuè chū hào xī / jiǎo rén liú xī
舒憂受兮　勞心慅兮　　Shū yōu shòu xī / láo xīn cǎo xī

月出照兮　佼人燎兮　　Yuè chū zhào xī / jiǎo rén liǎo xī
舒夭紹兮　勞心慘兮　　Shū yǎo shào xī / láo xīn cǎn xī

해제

　밝은 달을 바라보며 정든 임을 그리워하는 연인을 노래이다. 작법상 흥(興)에 속한다.

皎(교) : 달빛 같은 것이 희게 빛나 밝은 것.
佼人(교인) : 미인.
僚(료) : 예쁜 모양.
舒(서) : 펴다.
窈糾(요교) : 깊은 시름이나 남 모를 탄식. '窈'는 '幽遠', '糾'는 '愁結'의 뜻.
悄(초) : 근심하다. '憂'의 뜻. 「애타는 마음 시름겨워라」
皓(호) : 달빛이 흰 모양.
懰(류) : 아름다운 모양.
慢受(우수) : 걱정.
慅(초) : 고달프다. 피로하다.
燎(료) : 밝다. '明'의 뜻.
夭紹(요소) : 시름이나 그리움에 휩싸인 것.
慘(참) : 근심하다. 걱정하다. '憂'의 뜻.

澤陂(zé bēi)

彼澤之陂　有蒲與荷　　Bǐ zé zhī bēi / yǒu pú yǔ hé
有美一人　傷如之何　　Yǒu měi yī rén / shāng rú zhī hé
寤寐無爲　涕泗滂沱　　Wù mèi wú wéi / tì sì pāng tuó

彼澤之陂	有蒲與蕑	Bǐ zé zhī bēi / yǒu pú yǔ jiān
有美一人	碩大且卷	Yǒu měi yī rén / shuò dà qiě quán
寤寐無爲	中心悁悁	Wù mèi wú wéi / zhōng xīn yuān yuān

彼澤之陂	有蒲菡萏	Bǐ zé zhī bēi / yǒu pú hàn dàn
有美一人	碩大且儼	Yǒu měi yī rén / shuò dà qiě yǎn
寤寐無爲	輾轉伏枕	Wù mèi wú wéi / zhǎn zhuǎn fú zhěn

해제

이 시는 앞의 〈월출(月出)〉과 비슷한 내용이다. 연못 둑에는 부들과 연꽃이 있으며 미인이 있는데 만날 수 없어서 오매불망(寤寐不忘)이다. 낭만적이며 정열적이다. 작법상 흥(興)에 속한다.

주석

陂(피) : 둑. 제방.
蒲(포) : 부들. 수초(水草)로서 자리를 만드는 데 쓰임.
美一人(미일인) : 여자가 남자를 가리킨 말. 「아름다운 님이여」
無爲(무위) : 아무 일도 손에 잡히지 않는 것.
涕(체) : 눈물. 泗(사) : 콧물.
滂沱(방타) : 눈물이 뚝뚝 떨어지는 모양.
蕑(간) : 난초.
碩(석) : 체구가 헌칠하고 얼굴이 아름다운 것. 大(대) : 행실이 훌륭한 것.

卷(권) : 아름답다. '婘(아름다울 권)'과 같은 글자. 여기서는 머리가 아름다운 것.
悁悁(연연) : 마음이 답답한 모양.
菡萏(함담) : 연꽃.
儼(엄) : 의젓하다.
輾轉(전전) : 이리저리 뒤척이는 것.
伏枕(복침) : 베개에 머리를 묻는 것. 누워서 잠 못 이룬다는 뜻.

13. 회풍(檜風)

회(檜)는 고신씨(高辛氏)의 화정(火正-불을 관장하는 관리)이었던 축융씨(祝融氏)의 지역으로서 주(周)나라 평왕(平王) 때에 정(鄭)나라 무공(武公)에게 멸망당하였다. 회풍은 정나라에 합병되기 전의 시들이다.

羔 裘(gāo qiú)

羔裘逍遙　狐裘以朝　Gāo qiú xiāo yáo / hú qiú yǐ cháo
豈不爾思　勞心忉忉　Qǐ bù ěr sī / láo xīn dāo dāo

羔裘翶翔　狐裘在堂　Gāo qiú áo xiáng / hú qiú zài táng
豈不爾思　我心憂傷　Qǐ bù ěr sī / wǒ xīn yōu shāng

羔裘如膏　日出有曜　Gāo qiú rú gào / rì chū yǒu yào

豈不爾思 中心是悼　　Qǐ bù ěr sī / zhōng xīn shì dào

해제

회나라 왕이 의복을 정결히 하고 놀기를 좋아하면서 국사를 돌보지 아니하므로 시인이 근심하여 읊은 것이다. 작법상 부(賦)에 속한다.

주석

羔裘(고구) : 염소 갓옷.
逍遙(소요) : 마음 내키는 대로 놀고 즐기는 것. 고구(羔裘)는 제후가 조회(朝會)할 때 치의(緇衣)와 함께 입었음. 따라서 이런 옷을 소요(逍遙)할 때 입은 것은 법도에 어긋나는 일이다.
狐裘(호구) : 여우 갓옷. 朝(조) : 조정 일을 보는 것. 호구(狐裘)는 제후가 천자를 배알(拜謁)할 때 금의(錦衣)와 함께 입었음. 이런 옷을 조정 일을 볼 때 입은 것 역시 제후가 정치를 법도대로 하려고 힘쓰지 않음을 뜻한다.
爾(이) : 너. 제후를 가리킴.
忉忉(도도) : 근심하는 모양.
翱翔(고상) : 앞의 '逍遙(소요)'와 같은 말.
堂(고) : 공당(公堂). 곧 제후가 정사를 듣는 곳.
膏(고) : 기름이 스며든 곳.
曜(요) : 햇빛에 비치어 빛난다는 뜻. 「해 돋아 비치니 눈부시게 빛나네」

隰 有 萇 楚(xí yǒu cháng chǔ)

隰有萇楚　猗儺其枝　　Xí yǒu cháng chǔ / ē nuó qí zhī
夭之沃沃　樂子之無知　Yāo zhī wò wò / lè zǐ zhī wú zhī

隰有萇楚　猗儺其華　　Xí yǒu cháng chǔ / ē nuó qí huā
夭之沃沃　樂子之無家　Yāo zhī wò wò / lè zǐ zhī wú jiā

隰有萇楚　猗儺其實　　Xí yǒu cháng chǔ / ē nuó qí shí
夭之沃沃　樂子之無室　Yāo zhī wò wò / lè zǐ zhī wú shì

해제

나라는 쇠퇴하고 세금은 많아서 백성이 고생하니, 차라리 지각이 없고 집도 없으며 식구도 없는 나무가 부럽다. 작법상 부(賦)에 속한다.

주석

萇楚(장초) : 양도(羊桃). 꽃과 열매가 모두 복숭아 비슷하나 맛이 씀.
猗儺(아나) : 부드러운 모양. 유순한 모양.「그 가지 연하기도 해라」
夭(요) : 젊고 아름다운 모양.

沃沃(옥옥) : 광택이 나는 모양.「싱싱하고 번지르르하니」
樂(락) : 부러워하다. '欣羨'의 뜻.
子(자) : 장초(萇楚)를 가리킴. 정치가 번거롭고 부세가 무거우면 사람들은 고통을 참다못해 무지하고 걱정 없는 초목만 못함을 한탄하는 것이다.

14. 조풍(曹風)

주(周)나라 무왕(武王)이 은(殷)나라 주왕(紂王)을 멸하고 아우 숙진탁(叔振鐸)을 조(曹)에 봉하였다. 그 후 이백(夷伯)과 장공(莊公) 등 때에 흥성하다가 26대(代) 백양(伯陽)에 이르러 송(宋)나라 경공(景公)에게 멸망하였다.

蜉 蝣(fú yǒu)

蜉蝣之羽	衣裳楚楚	Fú yǒu zhī yǔ / yī cháng chǔ chǔ
心之憂矣	於我歸處	Xīn zhī yōu yǐ / yú wǒ guī chǔ
蜉蝣之翼	采采衣服	Fú yǒu zhī yì / cǎi cǎi yī fú
心之憂矣	於我歸息	Xīn zhī yōu yǐ / yú wǒ guī xī

蜉蝣掘閱　麻衣如雪　　Fú yǒu jué yuè / má yī rú xuě
心之憂矣　於我歸說　　Xīn zhī yōu yǐ / yú wǒ guī shuì

해제

목전의 쾌락만 추구하고 닥쳐올 화를 모르는 것을 하루살이에 비유하였다. 소서(小序)에는 조나라 왕을 나무라는 글이라 하였다. 작법상 제1·2·3장은 흥(興), 제4장은 비(比)에 속한다.

주석

蜉蝣(부유) : 하루살이. 말똥구리 비슷하면서 몸이 좁고 긴 뿔이 달린 황흑색의 곤충으로 아침에 태어나서 저녁에 죽는다.
楚楚(초초) : 선명한 모양.「옷맵시 곱기도 해라」
於我(어아) : 내게로.
歸處(귀처) : 돌아와 살라는 뜻. 하루살이는 맵시 있는 옷과 같은 예쁜 날개를 가졌지만 조생모사(朝生暮死)하여 오래 살지 못한다. 그래서 마음으로 그것을 걱정하며 내게 돌아와 살았으면 하는 것이다.
采采(채채) : 화려하게 꾸민 모양.
掘閱(굴열) : 구멍을 파고 나오는 것. '閱'은 '穴(구명 혈)'의 뜻. 하루살이는 애벌레 때 구멍을 파고 땅 위로 나오는데 이 때의 모습이 베옷 입은 듯이 희다 함.
說(세) : 머물러 쉬는 것. '舍息'의 뜻.

下泉(xià quán)

冽彼下泉	浸彼苞稂	Liè bǐ xià quán / jìn bǐ bāo láng
愾我寤嘆	念彼周京	Xì wǒ wù tàn / niàn bǐ Zhōu jīng

冽彼下泉	浸彼苞蕭	Liè bǐ xià quán / jìn bǐ bāo xiāo
愾我寤嘆	念彼京周	Xì wǒ wù tàn / niàn bǐ jīng Zhōu

冽彼下泉	浸彼苞蓍	Liè bǐ xià quán / jìn bǐ bāo shī
愾我寤嘆	念彼京師	Xì wǒ wù tàn / niàn bǐ jīng shī

芃芃黍苗	陰雨膏之	Péng péng shǔ miáo / yīn yǔ gào zhī
四國有王	郇伯勞之	Sì guó yǒu wáng / Xún bó láo zhī

해제

주(周)나라가 쇠퇴하여 그 제후국인 조(曹)나라도 형편이 좋지 않다. 주(周)왕을 도와서 공을 세운 순백(郇伯)을 찬미한다. 작법상 비(比)이면서 흥(興)에 속한다.

주석

冽(렬) : 차다. '寒'의 뜻.

下泉(하천) : 샘물이 아래로 흐르는 것.
苞(포) : 풀이 더부룩이 난 것.
稂(랑) : 강아지풀.「저 다보룩한 강아지풀을 적시네」
愾(희) : 탄식하다. 한숨쉬다. 여기서는 한숨쉬는 소리.
寤(오) : 잠에서 깨다.「후유 내 자다 깨어 탄식하며」
周京(주경) : 주나라 서울. 뒤의 경주(京周)・경사(京師)도 같은 말.
蕭(소) : 쑥.
蓍(시) : 톱풀. 국화과에 속하는 다년초. 식용・약용으로 재배하며, 줄기는 점치는 데 씀.
芃芃(봉봉) : 아름다운 모양.
黍苗(서묘) : 기장 싹.
陰雨(음우) : 몹시 흐리고 비가 계속 내리는 것. 장마 비.
膏(고) : 기름지게 하는 것. 이것은 주나라가 융성할 때 천하 사람들이 혜택받던 것에 비유.
四國(사국) : 사방의 나라. 王(왕) : 제후.
郇伯(순백) : 순후(郇侯). 문왕(文王)의 후예로 일찍이 주백(州伯)이 되어 제후를 다스리는 데 공이 있었다. 勞(로) : 위로하다.

15. 빈풍(豳風)

순(舜)임금의 후직(后稷-농사일을 관장하는 관리)인 기(棄)의 후손 공류(公劉)가 백성을 부유하게 하고 빈(豳) 땅에 나라를 세웠다. 이 땅은 주나라의 초기 지역으로서 그 후손 문왕과 무왕을 거치며 천자가 된 것이다. 그러니까 공류(公劉)에서 고공단보(古公亶父)까지 10대(代)를 빈(豳) 땅에 도읍한 것이다.

鴟鴞(chī xiāo)

鴟鴞鴟鴞　　　　　　　Chī xiāo chī xiāo
既取我子　無毀我室　　Jì qǔ wǒ zǐ / wú huǐ wǒ shì
恩斯勤斯　鬻子之閔斯　Ēn sī qín sī / yù zǐ zhī mǐn sī

迨天之未陰雨　徹彼桑土　Dài tiān zhī wèi yīn yǔ / chè bǐ sāng dù

綢繆牖戶		Chóu móu yǒu hù
今女下民	或敢侮予	Jīn rǔ xià mín / huò gǎn wǔ yú
予手拮据	予所捋荼	Yú shǒu jié jū / yú suǒ luō tú
予所蓄租		Yú suǒ xù zū
予口卒瘏	曰予未有室家	Yú kǒu zú tú / yuē yú wèi yǒu shì jiā
予羽譙譙	予尾翛翛	Yú yǔ qiáo qiáo / yú wěi xiāo xiāo
予室翹翹	風雨所漂搖	Yú shì qiáo qiáo / fēng yǔ suǒ piāo yáo
予維音嘵嘵		Yú wéi yīn xiāo xiāo

해제

주공(周公)이 조카인 성왕(成王)에게 자기의 뜻을 알리는 노래이다. 주(周) 무왕(武王)이 은(殷)을 멸한 후에, 무경(武庚)을 세우고 아우 관숙(管叔)과 채숙(蔡叔)을 은에 보내어 돕게 하였다. 무왕이 죽은 후에 성왕이 즉위하니 주공이 섭정하였다. 멸망한 은은 나라 회복의 기회를 노리던 중에 무경이 계략을 꾸며서 관숙과 채숙으로 하여금 주공이 성왕을 제거하려 한다는 헛소문을 퍼뜨리니 성왕이 숙부 주공을 의심하게 되었다. 이리하여 주공이 이 시를 지어서 성왕에게 알리게 된 것이다. 작법상 비(比)에 속한다.

鴟鴞(치효) : 올빼미. 악조(惡鳥)로서 다른 새의 새끼를 잡아먹고 산다. 은(殷)나라 주왕(紂王)의 아들 무경(武庚)에 비유.

我(아) : 이 시를 노래한 주공(周公) 자신을 가리킴. 子(자) : 새 새끼. 주공(周公)의 형제인 관숙(管叔)과 채숙(蔡叔)에 비유한 말. 이 구절은 무경이 관숙과 채숙을 망쳐놓은 것에 비유한 것이다.

室(실) : 둥지. 주나라 왕실에 비유한 말.

恩(은) : 마음으로 사랑하는 것. 斯(사) : 어조사.

勤(근) : 노고를 아끼지 않고 돈후하게 보살피는 것. 「마음으로 사랑하고 알뜰히 보살펴」

鬻(육) : 기르다. '養'의 뜻.

閔(민) : 가엾게 여기다. '憫'과 같은 글자. 「기른 자식이니 가엾단다」

迨(태) : 미치다. '及'의 뜻.

陰雨(음우) : 장마 비. 「하늘에서 장마 비 오기 전에」

徹(철) : 취하다. '取'의 뜻.

桑土(상두) : 뽕나무 뿌리. '土'는 '杜(뿌리 두)'와 같은 글자.

綢繆(주무) : 얽어매다.

牖(유) : 둥지의 공기가 통하는 곳으로서 창을 뜻함.

戶(호) : 들락날락하는 곳으로서 문을 뜻함. 「창과 문 얽어 놓았노라」

女(여) : 너. '汝'와 같은 글자.

下民(하민) : 하토(下土)의 백성들. 「이제 하토의 백성들은」

或(혹) : '誰'의 뜻으로 풀이.

侮(모) : 넘보다. 업신여기다. 「누가 감히 나를 넘볼 건가」 이는 주공이 주 왕실을 깊이 사랑하고 환난에 대비한 것에 비유한 것이다.

拮据(길거) : 손과 입을 함께 움직여 일하는 모습.「나는 손이 닳도록 입이 헐도록」

捋(랄) : 집어 따다.

荼(도) : 갈대 이삭. 새가 둥지 틀 때 쓴다.

蓄租(축조) : 쌓고 모아 놓는 것. '蓄'은 '積', '租'는 '聚'의 뜻.

卒(졸) : 모두. '盡'의 뜻.

瘏(도) : 앓다. 병나다.「내 부리는 모두 병났으니」

曰(왈) : 앞 구에서 말한 고생의 이유를 나타냄.

室家(실가) : 둥지.「내게 둥지가 없었기 때문일세」

譙譙(초초) : 새의 깃이 째어지고 무지러진 모양.

翛翛(소소) : 날개가 찢어지는 모양.

翹翹(교교) : 위태로운 모양.

漂搖(표요) : 물 위에 떠 있는 것 같이 흔들거리는 것.

嘵嘵(효효) : 두려워서 내는 소리. 짹짹.

東山(dōng shān)

我徂東山	慆慆不歸	Wǒ cú dōng shān / tāo tāo bù guī
我來自東	零雨其濛	Wǒ lái zì dōng / líng yǔ qí méng
我東曰歸	我心西悲	Wǒ dōng yuē guī / wǒ xīn xī bēi
制彼裳衣	勿士行枚	Zhì bǐ cháng yī / wù shì háng méi
蜎蜎者蠋	烝在桑野	Yuān yuān zhě zhú / zhēng zài sāng yě

敦彼獨宿	亦在車下	Duī bǐ dú sù / yì zài jū xià
我徂東山	慆慆不歸	Wǒ cú dōng shān / tāo tāo bù guī
我來自東	零雨其濛	Wǒ lái zì dōng / líng yǔ qí méng
果臝之實	亦施于宇	Guǒ luǒ zhī shí / yì yì yú yǔ
伊威在室	蠨蛸在戶	Yī wēi zài shì / xiāo shāo zài hù
町畽鹿場	熠燿宵行	Tǐng tuǎn lù cháng / yì yào xiāo xíng
不可畏也	伊可懷也	Bù kě wèi yě / yī kě huái yě
我徂東山	慆慆不歸	Wǒ cú dōng shān / tāo tāo bù guī
我來自東	零雨其濛	Wǒ lái zì dōng / líng yǔ qí méng
鸛鳴于垤	婦歎于室	Guàn míng yú dié / fù tàn yú shì
洒埽穹窒	我征聿至	Sǎ sǎo qióng zhì / wǒ zhēng yù zhì
有敦瓜苦	烝在栗薪	Yǒu tuán guā kǔ / zhēng zài lì xīn
自我不見	于今三年	Zì wǒ bù jiàn / yú jīn sān nián
我徂東山	慆慆不歸	Wǒ cú dōng shān / tāo tāo bù guī
我來自東	零雨其濛	Wǒ lái zì dōng / líng yǔ qí méng
倉庚于飛	熠燿其羽	Cāng gēng yú fēi / yì yào qí yǔ
之子于歸	皇駁其馬	Zhī zǐ yú guī / huáng bó qí mǎ
親結其縭	九十其儀	Qīn jié qí lí / jiǔ shí qí yí
其新孔嘉	其舊如之何	Qí xīn kǒng jiā / qí jiù rú zhī hé

해제

성왕(成王)이 주공(周公)의 시를 읽고 깊이 뉘우쳐서 다시 높이 세우니, 주공은 군사를 친히 이끌고 무경(武庚)을 치고 3년 만에 돌아와서 이 시를 지어 병사를 위로한 것이다. 작법상 제1·2·3장은 부(賦), 제4장은 부(賦)이면서 비(比)에 속한다.

주석

徂(조) : 가다. 여기서는 정벌하러 나간 것.

東山(동산) : 주나라 성왕(成王) 때 주공(周公)이 동쪽으로 가서 무경(武庚)의 난을 평정했던 곳. 이 시는 바로 주공의 동정(東征)에 종사했던 사람이 지은 것이다.

慆慆(도도) : 오랜 모양. '久'의 뜻. 「오랫동안 돌아오지 못했네」

零(령) : 떨어지다. '落'의 뜻.

濛(몽) : 비오는 모양. 「비가 보슬보슬 내렸네」

曰歸(왈귀) : 마음속으로 돌아가리라 말하는 것.

西悲(서빈) : 고향이 있는 서쪽을 바라보며 슬퍼한 것.

制(제) : 만들다.

裳衣(상의) : 평상시에 입는 옷.

士(사) : 종사하다. '事'의 뜻. 行(항) : 전장. '陣'의 뜻.

枚(매) : 하무. 옛날 행군할 때 소리를 못내게 병정들의 입에 물리던 젓가락 모양의 막대기. 「전장의 일도 하무 무는 일도 안 하리」

蜎蜎(연연) : 벌레가 꿈틀거리는 모양.

蠋(촉) : 누에 비슷한 뽕 벌레.
烝(증) : 발어사.
敦(퇴) : 홀로 자리를 옮기지 않은 채 웅크리고 있는 것.「웅크린 채
 홀로 잤네」
果臝(과라) : 하눌타리.
施(이) : 넝쿨이 뻗은 것. '延'의 뜻.
宇(우) : 집의 처마.
伊威(이위) : 쥐며느리. 청소하지 않은 방에 생긴다.
蠨蛸(소소) : 작은 거미. 사람 출입이 없는 문에 그물을 친다.
町畽(정탄) : 집 옆의 빈 땅.
鹿場(녹장) : 사슴의 놀이터. 사람이 없으므로 사슴이 놀이터로 생각
 하는 것이다.「집 옆 빈땅은 사슴 놀이터 되고」
熠燿(습요) : 밝은 것이 일정치 않은 모양.
宵行(소행) : 개똥벌레. 누에 비슷한 야행성 벌레로 반딧불처럼 목 밑
 에서 빛이 난다.「밤엔 개똥벌레가 번득이겠지」
畏(외) : 황폐해진 집안 모습을 두려워하는 것.
伊(이) : '亦'의 뜻으로 풀이.
懷(회) : 그리다.「그래도 그리운 걸」
鸛(관) : 황새.
垤(질) : 개밋둑.
婦(부) : 작자의 아내.
洒掃(쇄소) : 닦고 쓰는 것.
穹窒(궁질) : 틈을 틀어막음. 여기서는 방안의 쥐구멍 따위를 막는 것.
 '穹'은 '空隙', '窒'은 '塞(막을 색)'의 뜻.
敦(단) : 외가 주렁주렁 달린 모양.
瓜苦(과고) : 고과(苦瓜). 맛이 쓴 오이.

烝(증) : 발어사. 在(재) : 매달려 있는 것. '繫'의 뜻으로 풀이.

栗薪(율신) : 밤나무 장작더미.

三年(삼년) : 동정(東征)에서 귀가 때까지의 기간을 가리킴.

倉庚(창경) : 꾀꼬리.

熠燿(습요) : 앞의 '熠燿(습요)'와 달리 여기서는 곱고 밝은 모양.

之子(지자) : 아내를 가리킴.「이 사람 시집올 때」

皇(황) : 황백색.

駁(박) : 담적색의 말.

親(친) : 부인의 어머니. 장모.

縭(리) : 결혼할 때 신부가 차는 수건.

九十(구십) : 아홉 가지, 열 가지의 뜻으로 여기서는 장모가 아내에게 각종 예의범절을 가르쳐 시집보낸 것을 뜻함.

新(신) : 새 혼인의 뜻.

孔嘉(공가) : 대단히 좋음. '孔'은 '甚', '嘉'는 '美'의 뜻.「새 혼인 그렇게도 좋은데」

舊(구) : 아내와 오랜만에 만난 것을 말함. 如之何(여지하) : 그러니 그 기쁨이 어이하겠느냐는 뜻.「오랜만에 만났으니 그 기쁨 어이하랴」

伐 柯(fá kē)

伐柯如何　匪斧不克　　Fá kē rú hé / fěi fǔ bù kè
取妻如何　匪媒不得　　Qǔ qī rú hé / fěi méi bù dé

伐柯伐柯　其則不遠　Fá kē fá kē / qí zé bù yuǎn
我覯之子　籩豆有踐　Wǒ gòu zhī zǐ / biān dòu yǒu jiàn

해제

주공(周公)이 동국(東國)에 있을 때 동인(東人)이 주공을 사모하여 만나길 소원하다가 만나게 됨을 기뻐서 읊은 것이다. 그것을 도끼자루에 비유하고 남자가 여자를 찾아서 만나는 내용으로 묘사한다. 작법상 비(比)에 속한다.

주석

柯(가) : 자루. 여기서는 도끼자루.「도끼자루감 베려면 어떻게 하지」
斧(부) : 도끼.
不克(불극) : '不能'의 뜻.
媒(매) : 중매쟁이.
不得(부득) : 앞의 '不克'과 같은 말.「중매쟁이 아니면 안되지」주공(周公)이 동쪽에 있을 때 동인(東人)이 한 말로 평상시 주공 보기가 어려운 것에 비유한 말.
則(칙) : 법칙. 본보기.
我(아) : 동인(東人) 자신을 가리킴.
覯(구) : 보다. 之子(지자) : 아내로 맞는 여자.「내 그 님을 보았으니」
籩豆(변두) : 모두 제사나 향연 때 쓰는 그릇. '籩'은 과일이나 포 같은 것을 담는 죽기(竹器). '豆'는 젓갈이나 부침개 같은 음식을 담는 목기(木器).

踐(천) : 차려놓다. 여기서는 진열한 모양. 전래의 의식에 따라 술과 음식을 차려놓고 결혼의식을 행한다는 뜻. 「그릇에 음식 담아 혼례를 치르세」

II. 소아(小雅)

　아(雅)는 정악(正樂)을 뜻한다. 중국 중원(中原) 일대에 유행하고 정성(正聲)으로 받들어진 음악이다. 아를 대아(大雅)와 소아(小雅)로 구분하고 정악(正樂)과 변악(變樂)으로 나누이니 정소아(正小雅)는 향연(饗宴) 때 연주된 음악이다. 소아에는 74편(본래 80편)이 수록되어 있으며, 〈녹명(鹿鳴)〉부터 〈청청자아(菁菁者莪)〉까지 16편(22편중 〈남해(南陔)〉·〈백화(白華)〉·〈화서(華黍)〉·〈유경(由庚)〉·〈숭구(崇丘)〉·〈유의(由儀)〉 등 6편은 편명만 있음)이 정소아(正小雅)이고 〈유월(六月)〉부터 〈하초불황(何草不黃)〉까지 58편은 변소아(變小雅)이다. 아(雅)의 편목(編目)에서 예컨대 「녹명지십(鹿鳴之什)」에서 '什(십)'은 열 편을 한 권으로 구성한 것을 의미하니 즉 〈녹명〉을 위시하여 열 편으로 풀이된다.

1. 녹명지십(鹿鳴之什)

이 부류는 〈녹명(鹿鳴)〉을 위시하여 〈사모(四牡)〉·〈황황자화(皇皇者華)〉·〈상체(常棣)〉·〈벌목(伐木)〉·〈천보(天保)〉·〈채미(采薇)〉·〈출거(出車)〉·〈체두(杕杜)〉·〈남해(南陔)〉(지금은 편목만 전함) 등 10편으로 구성되어 있다.

鹿 鳴(lù míng)

呦呦鹿鳴	食野之苹	Yōu yōu lù míng / shí yě zhī píng
我有嘉賓	鼓瑟吹笙	Wǒ yǒu jiā bīn / gǔ sè chuī shēng
吹笙鼓簧	承筐是將	Chuī shēng gǔ huáng / chéng kuāng shì jiāng
人之好我	示我周行	Rén zhī hào wǒ / shì wǒ zhōu xíng
呦呦鹿鳴	食野之蒿	Yōu yōu lù míng / shí yě zhī hāo

我有嘉賓	德音孔昭	Wǒ yǒu jiā bīn / dé yīn kǒng zhāo
視民不恌	君子是則是傚	Shì mín bù tiāo / jūn zǐ shì zé shì xiào
我有旨酒	嘉賓式燕以敖	Wǒ yǒu zhǐ jiǔ / jiā bīn shì yàn yǐ áo
呦呦鹿鳴	食野之芩	Yōu yōu lù míng / shí yě zhī qín
我有嘉賓	鼓瑟鼓琴	Wǒ yǒu jiā bīn / gǔ sè gǔ qín
鼓瑟鼓琴	和樂且湛	Gǔ sè gǔ qín / hé lè qiě dān
我有旨酒	以燕樂嘉賓之心	Wǒ yǒu zhǐ jiǔ / yǐ yàn lè jiā bīn zhī xīn

해제

임금이 신하들과 연회하며 군신간의 정을 두터이 하던 노래. 작법상 흥(興)에 속한다.

주석

呦呦(유유) : 사슴의 울음소리. 매매.

芩(평) : 다북쑥. 줄기가 청백색이며 젓가락 같음.

嘉賓(가빈) : 반가운 손님. 귀한 손님. '嘉'는 '美', '善'의 뜻.

鼓瑟(고슬) : 슬(瑟)을 뜯다. 슬은 거문고처럼 생긴 현악기의 하나로 15줄, 19줄, 25줄로 된 것 등 여러 종류가 있음. '鼓'는 '彈(탈탄)'의 뜻.

吹笙(취생) : 생황(笙簧)을 불다. '笙'은 관악기의 하나로 19개 또는 13개의 대나무 관(管)으로 만듦.

簧(황) : 생(笙) 안의 취주구(吹奏口)에 가로 댄 피리 혀 같은 것. 생(笙)을 불면 이것이 진동하여 소리를 냄.

承(승) : 받들다. '奉'의 뜻. 筐(광) : 폐백을 담는 광주리. 將(장) : 올리다. '進奉'의 뜻.

周行(주행) : 대도(大道). 혹은 지도(至道). 곧 위대한 도라는 뜻.

蒿(호) : 쑥.

德音(덕음) : 훌륭한 말. 여기서는 손님의 말을 높여 부른 것임.

孔(공) : 매우. 심히. '甚'의 뜻.

昭(소) : 밝다. '明'의 뜻.

視(시) : 보이다. '示'와 같은 글자.

恌(조) : 경박하다.

則(칙) : 본받다. 모범으로 삼다. '法'의 뜻.

傚(효) : 앞의 '則'과 같은 뜻.

旨酒(지주) : 맛있는 술. '旨'는 '美'의 뜻.

式(식) : 어조사. 燕(연) : 잔치. '宴'과 같은 글자.

敖(오) : '游'의 뜻으로 즐겁게 노는 것.

芩(금) : 금초. 넝쿨풀의 하나로 소금기 있는 습지에 나며 소나 말이 잘 먹음.

湛(담) : 즐기다. 여기서는 즐거움이 오래 가는 것.

常 棣(cháng dì)

| 常棣之華 | 鄂不韡韡 | Cháng dì zhī huā / è bù wěi wěi |
| 凡今之人 | 莫如兄弟 | Fán jīn zhī rén / mò rú xiōng dì |

死喪之威	兄弟孔懷	Sǐ sāng zhī wēi / xiōng dì kǒng huái
原隰裒矣	兄弟求矣	Yuán xí póu yǐ / xiōng dì qiú yǐ

脊令在原	兄弟急難	Jí líng zài yuán / xiōng dì jí nàn
每有良朋	況也永歎	Měi yǒu liáng péng / kuàng yě yǒng tàn

兄弟鬩于牆	外禦其務	Xiōng dì xì yú qiáng / wài yù qí wù
每有良朋	烝也無戎	Měi yǒu liáng péng / zhēng yě wú róng

喪亂旣平	旣安且寧	Sāng luàn jì píng / jì ān qiě níng
雖有兄弟	不如友生	Suī yǒu xiōng dì / bù rú yǒu shēng

儐爾籩豆	飮酒之飫	Bìn ěr biān dòu / yǐn jiǔ zhī yù
兄弟旣具	和樂且孺	Xiōng dì jì jù / hé lè qiě rú

妻子好合	如鼓瑟琴	Qī zǐ hào hé / rú gǔ sè qín
兄弟旣翕	和樂且湛	Xiōng dì jì xī / hé lè qiě dān

宜爾家室	樂爾妻帑	Yí ěr jiā shì / lè ěr qī nú
是究是圖	亶其然乎	Shì jiū shì tú / dǎn qí rán hū

해제

임금이 형제들과 잔치할 때 부른 노래. 작법상 제1장은 흥(興), 제2장은 부(賦), 제3장은 흥(興), 제4장은 부(賦), 제5·6·7·8장은 부

(賦)에 속한다.

常棣(상체) : 아가위. 산앵두나무. '棠棣', '唐棣'라고도 함. 華(화) : 꽃. '花'와 같은 글자.

鄂(악) : 나타나다. 여기서는 환하게 밖으로 나타나는 모양. 不(불) : '豈不'의 뜻. '丕(클 비)'와 같은 글자로 보기도 함.

韡韡(위위) : 꽃이 활짝 많이 핀 모양. 빛나는 모양.

死喪(사상) : 사람이 죽음. 사망.

威(위) : 두려움. '畏'의 뜻.

孔(공) : 매우. 심히. '甚'의 뜻.

懷(회) : 생각하다. '思'의 뜻.

原隰(원습) : 들과 진펄.

裒(부) : 모이다. '聚'의 뜻. 들과 진펄에 송장들이 한 데 모여 있는 것을 말함. 일설에는, 들이나 진펄에 사람들이 모여 사는 것.

求(구) : 형제들이 서로 찾게 되는 것.

脊令(척령) : 할미새. '鶺鴒'이라고도 씀. 걸어 다닐 때 늘 꽁지를 아래위로 흔들어 화급한 일을 알리는 것 같으므로 위난(危難)의 비유로 쓰임. 이 구절은 할미새가 들에서 호들갑 떨 듯 어려움이 있을 때면 형제가 서로 돕게 된다는 뜻.

急難(급난) : 급히 가서 어려움을 구제하는 것.

每(매) : 비록. '雖'의 뜻. 良朋(양붕) : 좋은 벗.

況(황) : 이에. 발어사.

永歎(영탄) : 길게 한숨쉬며 한탄하는 것.

鬩(혁) : 다투다. 싸우다. '鬪'의 뜻.
牆(장) : 담. 울타리. 여기는 집안을 뜻함.
禦(어) : 막다. 務(모) : 업신여김. '侮'의 뜻. 이 구절은 밖에서 모욕을
　　　　　가해오면 함께 막는다는 뜻.
烝(증) : 발어사.
戎(융) : 돕다. '助'의 뜻.
喪亂(상란) : 상사(喪事)와 화란(禍亂). 사망, 재난, 재앙 따위.
旣安且寧(기안차녕) : 안정되어 편안하게 되면.
友生(우생) : 우인. 벗.
儐(빈) : 진열하다. 차려놓다. '陳'의 뜻. 爾(이) : 어조사. 구중(句中)에
　　　　쓰여 어구(語句)의 조화와 균형을 도와줌.
籩豆(변두) : 모두 제기(祭器) 이름. '籩'은 과일이나 포(脯)를 담는 죽
　　　　기(竹器). '豆'는 식혜 등을 담는 목기(木器).
飫(어) : 배부르다. '飽'의 뜻.
具(구) : 모두. '俱'와 같음.
孺(유) : 사모하다. 우러러 따르다. 형제의 의가 좋은 것을 말함.
好合(호합) : 잘 화합하는 것.
如鼓瑟琴(여고슬금) : 금과 슬을 합주할 때 가락이 조화되는 것처럼
　　　　　잘 화합하여 즐겁게 사는 것을 말함.
翕(흡) : 모이다. '合'의 뜻.
湛(담) : 오래 즐기다.
宜(의) : 화목하다. 爾(이) : 너. 그대. 室家(실가) : 집안.
妻帑(처노) : 처자. '帑'은 '子'의 뜻.
究(구) : 궁리하다. 圖(도) : 도모하다. 꾀하다.
亶(단) : 진실로. '信'의 뜻. 乎(호) : 어조사. 구말(句末)에 쓰여 추측의

어기를 도와주며, 앞에 흔히 '殆'나 '其'가 동반됨. 「진실로 그렇게 될 것일세」

伐 木(fá mù)

伐木丁丁	鳥鳴嚶嚶	Fá mù zhēng zhēng / niǎo míng yīng yīng
出自幽谷	遷于喬木	Chū zì yōu gǔ / qiān yú qiáo mù
嚶其鳴矣	求其友聲	Yīng qí míng yǐ / qiú qí yǒu shēng
相彼鳥矣	猶求友聲	Xiàng bǐ niǎo yǐ / yóu qiú yǒu shēng
矧伊人矣	不求友生	Shěn yī rén yǐ / bù qiú yǒu shēng
神之聽之	終和且平	Shén zhī tīng zhī / zhōng hé qiě píng
伐木許許	釃酒有藇	Fá mù hǔ hǔ / shī jiǔ yǒu xù
既有肥羜	以速諸父	Jì yǒu féi zhù / yǐ sù zhū fù
寧適不來	微我弗顧	Nìng shì bù lái / wēi wǒ fú gù
於粲洒埽	陳饋八簋	Wū càn sǎ sǎo / chén kuì bā guǐ
既有肥牡	以速諸舅	Jì yǒu féi mǔ / yǐ sù zhū jiù
寧適不來	微我有咎	Nìng shì bù lái / wēi wǒ yǒu jiù
伐木于阪	釃酒有衍	Fá mù yú bǎn / shī jiǔ yǒu yǎn
籩豆有踐	兄弟無遠	Biān dòu yǒu jiàn / xiōng dì wú yuǎn
民之失德	乾餱以愆	Mín zhī shī dé / gān hóu yǐ qiān

有酒湑我　無酒酤我　Yǒu jiǔ xǔ wǒ / wú jiǔ gū wǒ
坎坎鼓我　蹲蹲舞我　Kǎn kǎn gǔ wǒ / cún cún wǔ wǒ
迨我暇矣　飮此湑矣　Dài wǒ xiá yǐ / yǐn cǐ xǔ yǐ

해제

임금이 친구나 친척을 초대하여 화목하게 향연을 베풀며 부른 노래. 작법상 흥(興)에 속한다.

주석

丁丁(쟁쟁) : 도끼로 나무를 찍는 소리. 쩡쩡.
嚶嚶(앵앵) : 새가 지저귀는 소리. 재잘재잘. 짹짹.
幽谷(유곡) : 아늑하고 깊은 골짜기.
喬木(교목) : 키가 큰 나무.
相(상) : 보다. '視'의 뜻.
矧(신) : 하물며. '況'의 뜻. 伊(이) : 어조사.
神(신) : 신명(神明).
終(종)~且(차)~ : '旣~且~'의 뜻.
許許(호호) : 여러 사람이 힘을 모아서 쓸 때 신명나게 부르는 소리. 이영차.
湑酒(시주) : 술을 거르다. 거른 술.
藇(서) : 아름답다. 곧다. '有藇'는 '藇然'의 뜻. 「거른 술은 곱기도 하여라」

羜(저) : 어린 양.

速(속) : 부르다. '召'의 뜻.

諸父(제부) : 친구 가운데 성(姓)이 같으면서 존경하는 사람들.

寧(녕) : 설사. 비록.

適(적) : 마침. 不來(불래) : 일이 있어 못 오는 것.

微(미) : 없다. '無'의 뜻.

顧(고) : 거들떠보다.

於(오) : 감탄사. 아. 오.

粲(찬) : 선명한 모양. 깨끗한 모양. 洒(쇄) : 물을 뿌리다.

埽(소) : 비로 쓸다. 洒埽(쇄소)는 친구들을 맞기 위해 집안을 깨끗이 소제하는 것.

饋(궤) : 먹이다. 음식을 대접하다. 음식이나 물건을 보내다. 여기서는 음식을 뜻함.

簋(궤) : 제기(祭器) 이름. 바깥쪽은 둥글고 안쪽은 네모짐.

牡(모) : 수컷.

諸舅(제구) : 친구 가운데 성(姓)이 다르면서 존경하는 사람들.

咎(구) : 허물. 잘못. '過'의 뜻.

阪(판) : 비탈. 경사진 곳.

衍(연) : 아름다운 모양. 또는 많은 모양.

踐(천) : 차려놓은 모양.

兄弟(형제) : 여기서는 형제처럼 가까이 지내는 친구.

無遠(무원) : 모두 가까이 있는 것. 곧 한 자리에 모여 있다는 뜻.

失德(실덕) : 친구간의 의를 잃는 것.

乾餱(건후) : 마른 밥. 여기서는 마른 것으로 된 보잘 것 없는 음식을 가리킴.

愆(건) : 허물. 잘못. '過'의 뜻.

湑(서) : 거르다. 앞의 '醴(시)'와 같은 뜻.
酤(고) : 술을 사다.
坎坎(감감) : 북 치는 소리. 둥둥.
蹲蹲(준준) : 춤추는 모양. 덩실덩실.
迨(태) : 미치다. 이르다. '及'의 뜻.「내가 한가한 틈을 타서」

采 薇(cǎi wēi)

采薇采薇	薇亦作止	Cǎi wēi cǎi wēi / wēi yì zuò zhǐ
日歸日歸	歲亦莫止	Yuē guī yuē guī / suì yì mù zhǐ
靡室靡家	玁狁之故	Mǐ shì mǐ jiā / Xiǎn yǔn zhī gù
不遑啓居	玁狁之故	Bù huáng qǐ jū / Xiǎn yǔn zhī gù
采薇采薇	薇亦柔止	Cǎi wēi cǎi wēi / wēi yì róu zhǐ
日歸日歸	心亦憂止	Yuē guī yuē guī / xīn yì yōu zhǐ
憂心烈烈	載飢載渴	Yōu xīn liè liè / zài jī zài kě
我戍未定	靡使歸聘	Wǒ shù wèi dìng / mǐ shǐ guī pìng
采薇采薇	薇亦剛止	Cǎi wēi cǎi wēi / wēi yì gāng zhǐ
日歸日歸	歲亦陽止	Yuē guī yuē guī / suì yì yáng zhǐ
王事靡盬	不遑啓處	Wáng shì mǐ gǔ / bù huáng qǐ chù
憂心孔疚	我行不來	Yōu xīn kǒng jiù / wǒ xíng bù lái

彼爾維何	維常之華	Bǐ ěr wéi hé / wéi cháng zhī huā
彼路斯何	君子之車	Bǐ lù sī hé / jūn zǐ zhī jū
戎車旣駕	四牡業業	Róng jū jì jià / sì mǔ yè yè
豈敢定居	一月三捷	Qǐ gǎn dìng jū / yī yuè sān jié

駕彼四牡	四牡騤騤	Jià bǐ sì mǔ / sì mǔ kuí kuí
君子所依	小人所腓	Jūn zǐ suǒ yī / xiǎo rén suǒ féi
四牡翼翼	象弭魚服	Sì mǔ yì yì / xiàng mǐ yú fú
豈不日戒	玁狁孔棘	Qǐ bù rì jiè / Xiǎn yǔn kǒng jí

昔我往矣	楊柳依依	Xī wǒ wǎng yǐ / yáng liǔ yī yī
今我來思	雨雪霏霏	Jīn wǒ lái sī / yǔ xuě fēi fēi
行道遲遲	載渴載飢	Xíng dào chí chí / zài kě zài jī
我心傷悲	莫知我哀	Wǒ xīn shāng bēi / mò zhī wǒ āi

해제

북방 오랑캐를 정벌하러 원정 가는 군사를 보낼 때 부르던 노래. 오랑캐는 서주(西周) 중엽에 강성했던 험윤(玁狁)이다. 작법상 제1·2·3·4장은 흥(興), 제5·6장은 부(賦)에 속한다.

주석

薇(미) : 고비. 양치류(羊齒類)의 다년초로 산과 들에 절로 나며 어린 잎은 식용함.

作(작) : '生出地也'의 뜻. 곧 땅 밖으로 나오는 것. 돋아나는 것. 止(지) : 어조사.
曰(왈) : 어조사. 莫(모) : 저물다. '暮'와 같은 글자.
靡(미) : 없다. '無'의 뜻.
玁狁(험윤) : 주(周)나라 때 북방에 살던 오랑캐 이름. 하(夏)나라 때는 훈육(獯鬻), 진한(秦漢) 때는 흉노(匈奴)라 했는데, 예로부터 이들은 중원(中原)에 자주 침입하여 중국을 괴롭혀왔다.
遑(황) : 한가하다. '暇'의 뜻.
啓居(계거) : 책상다리를 하고 편히 앉는 것. 이 구절은 조금도 편히 앉아 쉴 겨를이 없다는 뜻.
烈烈(열렬) : 근심하는 모양.
載(재) : 어조사. 飢(기) : 주리다.
渴(갈) : 목마르다.
戍(수) : 수자리사는 것. 지난날 나라의 변방을 지키던 일.
定(정) : 멈추다. 그치다. '止'의 뜻.
聘(빙) : '聘問(빙문)'의 뜻으로 사람을 보내 식구의 안부를 묻는 것.
剛(강) : 쇠다. 이미 자라 억센 것.
陽(양) : 음력 10월의 이칭(異稱). 10월은 음(陰)이 절정에 달하는 달로 음이 절정에 달하면 양(陽)이 생긴다 하여 이름.
王事(왕사) : 제왕에 관한 일. 곧 나랏일.
盬(고) : 멈추다. 쉬다. '息'의 뜻. 靡盬(미고)는 끊임이 없다는 뜻.
啓處(계처) : 앞의 '啓居(계거)'와 같은 말로 편히 앉아 쉬는 것.
孔(공) : 매우. 심히. '甚'의 뜻.
疚(구) : 병들다. 아프다.
來(래) : 돌아가다. '歸(귀)'의 뜻.「나는 가기만 하고 돌아 갈 줄 모르네」

爾(이) : 꽃이 성한 모양. 활짝 핀 모양. '薾(번성할 이)'와 같은 글자.
常(상) : 상체(常棣). 당체(棠棣). 산앵두나무.
路(로) : 수레. '輅(수레 로)'와 같은 글자. 斯(사) : 앞의 '維'와 같은 어조사.
君子(군자) : 장수(將帥)를 말함.
戎車(융거) : 병거(兵車). 군용수레.
四牡(사모) : 한 수레를 끄는 네 필의 수말.
業業(업업) : 장한 모양.
捷(첩) : 싸움에 이기다.
騤騤(규) : 말이 건장한 모양.
依(의) : 타다. '乘'의 뜻.
腓(비) : 따라 움직이다. 뒤따르다.
翼翼(익익) : 행렬이 가지런히 정돈된 모양.
象弭(상미) : 상골(象骨)로 활고자를 꾸민 것. '弭'는 활고자.
魚服(어복) : 물고기의 껍질을 입힌 화살통. '服'은 '箙(화살통 복)'과 같은 글자.
日戒(일계) : 매일 경계하는 것. '戒'는 '警'의 뜻.
棘(극) : 급하다. 빠르다. '亟(빠를 극)'과 통함.
依依(의의) : 무성한 모양.
來(래) : 돌아가다. '歸'의 뜻. 思(사) : 어조사.
雨雪(우설) : 눈이 내리다. '雨'는 비처럼 위에서 아래로 내리는 것으로 '降'의 뜻.
霏霏(비비) : 눈이 심하게 오는 모양. 펄펄.
遲遲(지지) : 더딘 모양.
我哀(아애) : 내 설움.「아무도 내 설움 몰라주네」

2. 백화지십(白華之什)

이 부류는 〈백화(白華)〉(笙詩로서 篇名만 전함)를 위시하여 〈화서(華黍)〉(편명만 전함)·〈어리(魚麗)〉·〈유경(由庚)〉(편명만 전함)·〈남유가어(南有嘉魚)〉·〈숭구(崇丘)〉(편명만 전함)·〈남산유대(南山有臺)〉·〈유의(由儀)〉(편명만 전함)·〈육소(蓼蕭)〉·〈잠로(湛露)〉 등 10편으로 구성되어 있다.

蓼 蕭(lù xiāo)

蓼彼蕭斯	零露湑兮	Lù bǐ xiāo sī / líng lù xǔ xī
既見君子	我心寫兮	Jì jiàn jūn zǐ / wǒ xīn xiě xī
燕笑語兮	是以有譽處兮	Yàn xiào yǔ xī / shì yǐ yǒu yù chǔ xī
蓼彼蕭斯	零露瀼瀼	Lù bǐ xiāo sī / líng lù ráng ráng

既見君子　爲龍爲光　　Jì jiàn jūn zǐ / wéi chǒng wéi guāng
其德不爽　壽考不忘　　Qí dé bù shuǎng / shòu kǎo bù wàng

蓼彼蕭斯　零露泥泥　　Lù bǐ xiāo sī / líng lù nǐ nǐ
既見君子　孔燕豈弟　　Jì jiàn jūn zǐ / kǒng yàn kǎi tì
宜兄宜弟　令德壽豈　　Yí xiōng yí dì / lìng dé shòu kǎi

蓼彼蕭斯　零露濃濃　　Lù bǐ xiāo sī / líng lù nóng nóng
既見君子　鞗革冲冲　　Jì jiàn jūn zǐ / tiáo gé chōng chōng
和鸞雝雝　萬福攸同　　Hé luán yōng yōng / wàn fú yōu tóng

해제

제후들이 주나라 왕에게 조회(朝會)하니, 왕이 그들에게 주연(酒宴)을 베풀며 연주한 악가(樂歌)이다. 작법상 흥(興)에 속한다.

주석

蓼(료) : 풀이 길게 자란 모양. 蕭(소) : 다북쑥. 斯(사) : 어조사.
零(령) : 떨어지다.
湑(서) : 이슬이 많이 내린 모양.
寫(사) : 쏟다. '瀉(쏟을 사)'와 같은 글자로서 근심 따위가 사라져 마음이 가벼운 것.
燕(연) : 잔치하다. '宴'과 같은 글자.
譽(예) : 즐기다. '豫(즐길 예)'와 통함. 處(처) : 안락의 뜻.

瀼瀼(양양) : 이슬이 많이 내린 모양.
龍(총) : 총애. '寵'과 통함. '爲龍爲光'은 영광스러운 것.
爽(상) : 어긋나다. '差'의 뜻.
壽考(수고) : 오래 사는 것. 장수. **忘**(망) : 없어지다. '亡'과 통함. 따라서 '不忘'은 끝이 없는 것.
泥泥(이니) : 이슬이 많이 내린 모양.
豈弟(개제) : 즐겁고 편안한 모양. '豈'는 '樂', '弟'는 '易'의 뜻.
宜兄宜弟(의형의제) : 형제간에 우애가 좋은 것.
令德(영덕) : 아름다운 덕. '令'은 '善' 또는 '美'의 뜻.
壽豈(수개) : 오래가고 즐거운 것.
濃濃(농농) : 이슬이 짙게 내린 모양.
鯈革(조혁) : 가죽으로 만든 고삐.
沖沖(충충) : 늘어진 모양.
和鸞(화란) : 화(和)와 난(鸞). 모두 방울이름. 수레 앞 가로막이 나무에 달린 것을 '和'라고 하고, 말 재갈에 달린 것을 '鸞'이라 함.
雝雝(옹옹) : 방울소리. 딸랑딸랑.
攸(유) : 바. '所'의 뜻. **同**(동) : 한 곳에 모이는 것. '聚'의 뜻.

3. 동궁지십(彤弓之什)

동궁(彤弓)은 붉은 활인데 주나라 왕이 전쟁에서 공을 세운 제후들에게 연회를 베풀며 부른 노래이다. 이 부류는 〈동궁(彤弓)〉을 위시하여 〈청청자아(菁菁者莪)〉·〈유월(六月)〉·〈채기(采芑)〉·〈거공(車攻)〉·〈길일(吉日)〉·〈홍안(鴻鴈)〉·〈정료(庭燎)〉·〈면수(沔水)〉·〈학명(鶴鳴)〉 등 10 편으로 구성되어 있다.

六月(liù yuè)

六月棲棲	戎車旣飭	Liù yuè xī xī / róng jū jì chì
四牡騤騤	載是常服	Sì mǔ kuí kuí / zài shì cháng fú
玁狁孔熾	我是用急	Xiǎn yǔn kǒng chì / wǒ shì yòng jí
王于出征	以匡王國	Wáng yú chū zhēng / yǐ kuāng wáng guó

比物四驪	閑之維則	Bǐ wù sì lí / xián zhī wéi zé
維此六月	旣成我服	Wéi cǐ liù yuè / jì chéng wǒ fú
我服旣成	于三十里	Wǒ fú jì chéng / yú sān shí lǐ
王于出征	以佐天子	Wáng yú chū zhēng / yǐ zuǒ tiān zǐ

四牡脩廣	其大有顒	Sì mǔ xiū guǎng / qí dà yǒu yóng
薄伐玁狁	以奏膚公	Bó fá Xiǎn yǔn / yǐ zòu fū gōng
有嚴有翼	共武之服	Yǒu yán yǒu yì / gòng wǔ zhī fú
共武之服	以定王國	Gòng wǔ zhī / yǐ dìng wáng guó

玁狁匪茹	整居焦穫	Xiǎn yǔn fěi rú / zhěng jū Jiāo hù
侵鎬及方	之于涇陽	Qīn Hào jí Fāng / zhī yú Jīng yáng
織文鳥章	白旆央央	Zhī wén niǎo zhāng / bái pèi yāng yāng
元戎十乘	以先啓行	Yuán róng shí shèng / yǐ xiān qǐ háng

戎車旣安	如輊如軒	Róng jū jì ān / rú zhì rú xuān
四牡旣佶	旣佶且閑	Sì mǔ jì jí / jì jí qiě xián
薄伐玁狁	至于大原	Bó fá Xiǎn yǔn / zhì yú Tài yuán
文武吉甫	萬方爲憲	Wén wǔ Jí fǔ / wàn fāng wéi xiàn

吉甫燕喜	旣多受祉	Jí fǔ yàn xǐ / jì duō shòu zhǐ
來歸自鎬	我行永久	Lái guī zì Hào / wǒ xíng yǒng jiǔ
飮御諸友	炰鼈膾鯉	Yǐn yù zhū yǒu / páo biē kuài lǐ
侯誰在矣	張仲孝友	Hóu shuí zài yǐ / Zhāng zhòng xiào yǒu

해제

주나라 선왕(宣王)이 윤길보(尹吉甫)로 하여금 북방 오랑캐를 정벌케 하여 공을 세우니 부른 노래. 작법상 부(賦)에 속한다.

주석

棲棲(서서) : 바쁘고 안정되지 아니한 모양. 뒤숭숭한 모양.
戎車(융거) : 병거(兵車). 군용수레.
飭(칙) : 갖추다. 정비하다.
四牡(사모) : 한 수레를 끄는 네 필의 수말.
騤騤(규규) : 말이 건장한 모양.
載(재) : 싣다. **常服**(상복) : 싸울 때 입는 옷. 곧 군복. 여기서는 군복 입은 사람들을 가리킴.
熾(치) : 성하다. 여기서는 세력이 강성한 것을 말함.
王于出征(왕우출정) : 임금이 나가서 싸우라고 명을 내리신 것.
匡(광) : 바로잡다. '正'의 뜻. **王國**(왕국) : 우리 임금님의 나라.
比物(비물) : 그 힘을 가지런히 하는 것.
驪(려) : 털빛이 검은 말. 가라말.
閑(한) : 길이 잘 든 것. 숙달된 것. '嫺(익을 한)'과 통함. **則**(칙) : 법도가 있는 것.
服(복) : 융복(戎服). 곧 군복.
三十里(삼십리) : 군대가 하루에 걷는 거리. '一舍'라고도 함.
佐(좌) : 돕다.
脩廣(수광) : 길고도 큰 것. '脩'는 '長', '廣'은 '大'의 뜻. 말이 키가

크고 살이 찐 것을 말함.

顒(옹) : 크다. '有顒'은 '顒然'의 뜻으로 큰 모양.

薄(박) : 어조사.

奏(주) : 바치다. 드리다. '薦(드릴 천)'의 뜻.

膚公(부공) : 큰 공. '膚'는 '大'의 뜻이고, '公'은 '功'과 통함.

有嚴有翼(유엄유익) : '嚴然翼然'의 뜻. 위엄 있고 경건한 모양.

共(공) : 삼가다. '恭'과 통함.

服(복) : 일. '事'의 뜻으로 '武之服'은 싸우는 일. 곧 전쟁.

茹(여) : 헤아리다. '度(헤아릴 탁)'의 뜻. '匪茹'는 헤아릴 수 없이 많다는 뜻.

整居(정거) : 깊숙이 쳐들어 와 차지했다는 뜻.

焦穫(초오) : 땅이름. '瓠中(호중)'이라고도 하였으며, 지금의 섬서성(陝西省) 옹주(雍州) 경양현(涇陽縣) 북쪽 십 수 리 되는 곳에 있었다.

鎬·方(호·방) : 주대(周代) 북방의 땅 이름. 지금의 영하회족자치구(寧夏回族自治區) 영무(靈武) 일대에 있었다. '鎬'는 주나라 초기의 서울 '鎬京'이 아님.

涇陽(경양) : 경수(涇水) 북쪽. 경수는 감숙성(甘肅省) 화평현(和平縣)과 고원현(固原縣) 두 지역에서 발원하여 합류한 후 섬서성(陝西省)에 이르러 위수(渭水)로 흘러듦. '陽'은 물의 북쪽. 산의 경우는 남쪽을 뜻함.

織(치) : 기. '幟(기 치)'와 통함. 文(문) : 무늬. 따라서 '織文'은 무늬가 있는 기.

鳥章(조장) : '鳥隼之章(조준지장)'. 곧 새매 같은 무늬가 그려진 깃발.

白斾(백패) : 흰 기폭. '斾'는 본래 잡색(雜色)의 기로 기폭의 끝이 제비꼬리처럼 갈라져 있음.

央央(앙앙) : 깃발이 펄럭이는 모양.
元戎(원융) : 큰 병거(兵車). '元'은 '大', '戎'은 '戎車'의 뜻.
啓行(계행) : 선두에서 길을 개척하는 것. '啓'는 '開', '行'은 '道'의 뜻.
輊(지) : 낮다. 수레의 앞이 무거워서 숙은 것.
軒(헌) : 높다. 수레의 앞부분이 가볍고 높은 것. '如輊如軒'은 수레가 앞부분이 내려갔다 올라갔다 하며 덜컹거리고 가는 모습을 형용.
佶(길) : 헌걸찬 모양. 건장한 모양.
大原(태원) : 땅이름. 지금의 감숙성(甘肅省) 고원현(固原縣) 북쪽 경계에 있었다.
文武(문무) : '能文能武'. 곧 문무를 고루 갖췄다는 뜻.
吉甫(길보) : 윤길보(尹吉甫). 당시의 대장(大將)
憲(헌) : 법. 모범.
燕(연) : 즐기다. '樂'의 뜻.
祉(지) : 복.
御(어) : '進饌'의 뜻으로 음식을 대접하는 것.
炰鼈(포별) : 자라 구운 고기. 자라구이. '炰'는 '炮(통째로 구울 포)'와 같은 글자.
膾鯉(회리) : 잉어를 회한 고기. 잉어 회.
侯(후) : '維'와 같은 발어사.
張仲(장중) : 길보(吉甫)의 친구 가운데 한 사람.
孝友(효우) : 부모에게 효성이 있고 형제간에 우애가 있는 것.

4. 기보지십(祈父之什)

전쟁에 나간 지 오래되어도 돌아오지 못함을 원망하는 노래인데 기보(祈父)란 천자의 군대를 관장하는 관리를 말한다. 이 부류는 〈기보(祈父)〉를 위시하여 〈백구(白駒)〉·〈황조(黃鳥)〉·〈아행기야(我行其野)〉·〈사간(斯干)〉·〈무양(無羊)〉·〈절남산(節南山)〉·〈정월(正月)〉·〈시월지교(十月之交)〉·〈우무정(雨無正)〉 등 10편으로 구성되어 있다.

黃 鳥 (huáng niǎo)

黃鳥黃鳥	無集于穀	Huáng niǎo huáng niǎo / wú jí yú gǔ
無啄我粟		Wú zhuó wǒ sù
此邦之人	不我肯穀	Cǐ bāng zhī rén / bù wǒ kěn gǔ
言旋言歸	復我邦族	Yán xuán yán guī / fù wǒ bāng zú

黃鳥黃鳥	無集于桑	Huáng niǎo huáng niǎo / wú jí yú sāng
無啄我粱		Wú zhuó wǒ liáng
此邦之人	不可與明	Cǐ bāng zhī rén / bù kě yǔ míng
言旋言歸	復我諸兄	Yán xuán yán guī / fù wǒ zhū xiōng

黃鳥黃鳥	無集于栩	Huáng niǎo huáng niǎo / wú jí yú xǔ
無啄我黍		Wú zhuó wǒ shǔ
此邦之人	不我與處	Cǐ bāng zhī rén / bù wǒ yǔ chǔ
言旋言歸	復我諸父	Yán xuán yán guī / fù wǒ zhū fù

해제

고향을 떠나 사는 사람이 망향에 젖어서 읊은 것이다. 작법상 비(比)에 속한다.

주석

黃鳥(황조) : 꾀꼬리. 누룩제비라고도 함.
穀(곡) : 꾸지나무. 뽕나무과에 속하는 낙엽 교목으로 닥나무와 비슷함.
啄(탁) : 쪼다. 쪼아먹다. 粟(속) : 조.
穀(곡) : 좋다. '善'의 뜻. 여기서는 잘 대해주는 것.
言(언) : 어조사.
復(복) : 되돌아가다. '反'의 뜻.

梁(량) : 수수.
明(명) : '盟'과 통하는 글자로 보며, '盟'은 '信'의 뜻. '與明'은 함께
　　　　믿고 지내는 것.
栩(허) : 상수리나무
黍(서) : 기장.
與處(여처) : 함께 사는 것.

無羊(wú yáng)

誰謂爾無羊　三百維羣　　Shuí wèi ěr wú yáng / sān bǎi wéi qún
誰謂爾無牛　九十其犉　　Shuí wèi ěr wú niú / jiǔ shí qí chún
爾羊來思　其角濈濈　　　ěr yáng lái sī / qí jiǎo jí jí
爾牛來思　其耳濕濕　　　ěr niú lái sī / qí ěr shī shī

或降于阿　或飲于池　　　Huò jiàng yú ē / huò yǐn yú chí
或寢或訛　　　　　　　　Huò qǐn huò é
爾牧來思　何蓑何笠　　　ěr mù lái sī / hé suō hè lì
或負其餱　　　　　　　　Huò fù qí hóu
三十維物　爾牲則具　　　Sān shí wéi wù / ěr shēng zé jù

爾牧來思　以薪以蒸　　　ěr mù lái sī / yǐ xīn yǐ zhēng
以雌以雄　　　　　　　　Yǐ cí yǐ xióng

爾羊來思	矜矜兢兢	ěr yáng lái sī / jīn jīn jīng jīng
不騫不崩	麾之以肱	Bù qiān bù bēng / huī zhī yǐ gōng
畢來旣升		Bì lái jì shēng
牧人乃夢	衆維魚矣	Mù rén nǎi mèng / zhòng wéi yú yǐ
旐維旟矣		Zhào wéi yú yǐ
大人占之		Tài rén zhān zhī
衆維魚矣	實維豊年	Zhòng wéi yú yǐ / shí wéi fēng nián
旐維旟矣	室家溱溱	Zhào wéi yú yǐ / shì jiā zhēn zhēn

해제

축산을 잘 하여서 소와 양이 많음을 노래한 것이다. 작법상 부(賦)에 속한다.

주석

維羣(유군) : '爲羣'의 뜻. 무리를 이룬 것.
犉(순) : 털이 누르고 입술이 검은 소. 일설에는 키가 7척이나 되는 큰 소. 「검은 큰 소만해도 구십 마리나 되는데」
思(사) : 어조사.
濈濈(즙즙) : 화목한 모양. 싸우지 않는 모양. 이 구절은 양들이 뿔로 서로를 받지 않고 사이좋게 있다는 뜻.
濕濕(습습) : 소의 귀가 움직이는 모양.
阿(아) : 언덕.

訛(와) : 움직이다. '動'의 뜻.
牧(목) : 목인(牧人). 목동.
何(하) : 메다. '荷'와 같은 자. 蓑(사) : 도롱이.
笠(립) : 삿갓. 「도롱이에 삿갓 쓰고」
餱(후) : 먹을 것. 음식. 이 구절은 음식까지 준비하여 소 양떼를 따라
　　　　다닌다는 뜻.
三十維物(삼십유물) : '凡爲色三十也.' 곧 양과 소의 색깔이 서른 가
　　　　지나 된다는 뜻.
牲(생) : 제물에 쓰이는 짐승. 희생.
薪·蒸(신·증) : 모두 땔나무. '薪'은 굵은 것, '蒸'은 가는 것.
矜矜(긍긍) : 굳고 강한 모양.
兢兢(긍긍) : 앞의 '矜矜'과 같은 뜻.
騫(건) : 이지러지다. 다치다. 崩(붕) : 병들다. 앓다.
麾(휘) : 부르다. 지휘하다.
肱(굉) : 팔.
旣(기) : 다. 모두. '盡'의 뜻.
升(승) : '入牢'의 뜻. 곧 올라와 우리로 들어가는 것.
衆(중) : 사람을 가리킴. 維(유) : '是', '爲'와 같은 동사. 이 구절은 꿈
　　　　속에 물고기가 되었다는 뜻.
旐(조) : 거북과 뱀을 그린 폭이 넓은 검은 빛깔의 기.
旟(여) : 붉은 비단에 송골매를 그려 넣은 기. '旐'로 통솔하는 인원은
　　　　'旟'로 거느리는 인원보다 많지 않다.
大人(태인) : 점치는 사람.
室家(실가) : 집안. 溱溱(진진) : 많은 모양. 성한 모양. '大人占之'
　　　　아래의 네 구절은 사람은 물고기보다 많지 않고, 조(旐)
　　　　로 통솔하는 인원은 여(旟)로 거느리는 인원보다 많지

않으므로 꿈속에 사람이 물고기가 된 것은 풍년이 들 조짐이고, 조(旐)가 여(旟)가 된 것은 집안이 창성할 조짐이라는 것이다.

節南山(jié nán shān)

節彼南山	維石巖巖	Jié bǐ nán shān / wéi shí yán yán
赫赫師尹	民具爾瞻	Hè hè shī Yǐn / mín jù ěr zhān
憂心如惔	不敢戲談	Yōu xīn rú tán / bù gǎn xì tán
國旣卒斬	何用不監	Guó jì zú zhǎn / hé yòng bù jiān

節彼南山	有實其猗	Jié bǐ nán shān / yǒu shí qí yī
赫赫師尹	不平謂何	Hè hè shī Yǐn / bù píng wèi hé
天方薦瘥	喪亂弘多	Tiān fāng jiàn cuó / sāng luàn hóng duō
民言無嘉	憯莫懲嗟	Mín yán wú jiā / cǎn mò chéng jiē

尹氏大師	維周之氐	Yǐn shì tài shī / wéi Zhōu zhī dǐ
秉國之均	四方是維	Bǐng guó zhī jūn / sì fāng shì wéi
天子是毗	俾民不迷	Tiān zǐ shì pí / bǐ mín bù mí
不弔昊天	不宜空我師	Bù diào hào tiān / bù yí kòng wǒ shī

| 弗躬弗親 | 庶民弗信 | Fú gōng fú qīn / shù mín fú xìn |

弗問弗仕　勿罔君子　Fú wèn fú shì / wù wǎng jūn zǐ
式夷式已　無小人殆　Shì yí shì yǐ / wú xiǎo rén dài
瑣瑣姻亞　則無膴仕　Suǒ suǒ yīn yà / zé wú wǔ shì

昊天不傭　降此鞠訩　Hào tiān bù chōng / jiàng cǐ jū xiōng
昊天不惠　降此大戾　Hào tiān bù huì / jiàng cǐ dà lì
君子如屆　俾民心闋　Jūn zǐ rú jiè / bǐ mín xīn què
君子如夷　惡怒是違　Jūn zǐ rú yí / wù nù shì wéi

不弔昊天　亂靡有定　Bù diào hào tiān / luàn mǐ yǒu dìng
式月斯生　俾民不寧　Shì yuè sī shēng / bǐ mín bù níng
憂心如酲　誰秉國成　Yōu xīn rú chéng / shuí bǐng guó chéng
不自爲政　卒勞百姓　Bù zì wéi zhèng / zú láo bǎi xìng

駕彼四牡　四牡項領　Jià bǐ sì mǔ / sì mǔ xiàng lǐng
我瞻四方　蹙蹙靡所騁　Wǒ zhān sì fāng / cù cù mǐ suǒ chěng

方茂爾惡　相爾矛矣　Fāng mào ěr è / xiàng ěr máo yǐ
既夷既懌　如相酬矣　Jì yí jì yì / rú xiāng chóu yǐ

昊天不平　我王不寧　Hào tiān bù píng / wǒ wáng bù níng
不懲其心　覆怨其正　Bù chéng qí xīn / fù yuàn qí zhèng

家父作誦　以究王訩　Jiā fǔ zuò sòng / yǐ jiū wáng xiōng

式訛爾心　以畜萬邦　　Shì é ěr xīn / yǐ xù wàn bāng

해제

주나라의 무도한 유왕(幽王)이 소인 윤씨(尹氏)를 믿고 재상에 앉히니, 정사가 더욱 어지러워져서 나라가 위기에 처하게 되매 유왕을 경계하여 지은 것이다. 작법상 제1·2장은 흥(興), 제3장~제10장은 부(賦)에 속한다.

주석

節(절) : 산이 높고 가파른 모양.

巖巖(암암) : 돌이 중첩하여 험한 모양.

赫赫(혁혁) : 지위나 명성이 높은 모양.

師尹(사윤) : 주대(周代)의 태사(太師)인 윤씨(尹氏). 태사는 삼공(三公)의 하나이며, 윤씨는 대체로 윤길보(尹吉甫)의 후손을 가리킴.

具(구) : 모두. '俱'와 같은 자.

瞻(첨) : 우러러보다.

憂心(우심) : 근심에 쌓인 마음.

惔(담) : 속이 타다.

戲談(희담) : 농담.

卒(졸) : 마침내. '終'의 뜻. 斬(참) : 끊어지다. '絶'의 뜻. 여기서는 나라의 명맥이 끊어진 것. 곧 멸망의 뜻.

監(감) : 살펴보다. '視'의 뜻.

實(실) : 차다. '滿'의 뜻. 猗(아) : 언덕. '阿(언덕 아)'와 같은 글자. 이
　　　　구절은 산언덕에 초목의 열매가 가득 열려 있다는 뜻.
不平(불평) : 마음을 침착하게 다스리지 못하는 것.
謂何(위하) : '奈何'의 뜻. 어찌하실 건가?
薦(천) : 거듭. 잇따라. '重'의 뜻.
瘥(차) : 병. 薦瘥(천차)는 잇따라 재앙을 내린다는 뜻.
喪亂(상란) : 화란(禍亂)의 뜻.
嘉(가) : 아름답다. '善'의 뜻.
憯(참) : 일찍. '曾'의 뜻. 懲(징) : 징계하다. 삼가다. 嗟(차) : 한탄하다.
　　　　탄식하다.
氐(저) : 근본. '本'의 뜻.
秉國(병국) : 나라의 권세를 잡음. 均(균) : 균형 있게 다스리는 것.
四方(사방) : 온 세상. 維(유) : 유지하는 것. '持'의 뜻.
毗(비) : 돕다. 보좌하다. '輔(도울 보)'의 뜻.
俾(비) : 시키다. '使'의 뜻.
弔(조) : 불쌍히 여기다. '愍(불쌍히 여길 민)'의 뜻.
昊天(호천) : 넓고 큰 하늘. 기가 막혀 하늘을 부른 것이다.「하늘이시
　　　　어 백성들을 불쌍히 여겨주지 않으시나이까」
空(공) : 궁하다. '窮'의 뜻. 師(사) : 무리. '衆'의 뜻.
躬(궁) : 몸소. 이 구절은 몸소 자신이 정사를 돌보지 않는다는 뜻.
仕(사) : 살피다. 명찰(明察)하다.
罔(망) : 속이다. '欺'의 뜻. 君子(군자) : 임금을 가리킴.
式(식) : 어조사. 夷(이) : 평평하다. '平'의 뜻. 已(이) : 그치다. '止'의
　　　　뜻. 여기서는 부당한 일을 그만 두는 것.
殆(태) : 위태롭다. 여기서는 나라를 위태롭게 하는 것.
瑣瑣(쇄쇄) : 작은 모양. 잗다란 모양.

姻亞(인아) : 사위의 아버지와 동서. 전(轉)하여, 인척. 아(亞)는 婭(동서 아)와 같은 글자.
膴(무) : 두텁다. 후하다. '厚'의 뜻. 膴仕(무사)는 후한 벼슬을 주어 일하게 하는 것.
傭(총) : 고르다. 균등하다. '均'의 뜻.
鞫訩(국훙) : 궁한 재난. '鞫'은 '窮', '訩'은 '亂'의 뜻.
戾(려) : 어그러짐. 환란. '乖'의 뜻.
屆(계) : '極'과 통하며, '極'은 '正'의 뜻.
闋(결) : 쉬다. 여기서는 백성들의 마음이 가라앉는 것.
惡怒(오노) : 증오와 원한. 違(위) : '遠'의 뜻. 없어지는 것.
亂靡有定(난미유정) : 나라의 혼란이 안정되지 않음.
酲(정) : 술 병나다.
成(성) : '平'의 뜻으로 나라를 공평하게 다스리는 것.
卒(졸) : 마침내. '終'의 뜻.
項(항) : 크다. '大'의 뜻. 項領(항령)은 목이 큰 것. 여기서는 사모(四牡)의 씩씩한 모습을 형용.
蹙蹙(척척) : 줄어 작아지는 모양.
騁(빙) : 말을 달려가다. 이 구절은 나라가 혼란으로 줄어들어 갈려갈 데가 없다는 뜻.
茂(무) : 한창이다. '盛'의 뜻.
相(상) : 보다. '視'의 뜻. 矛(모) : 창. 창으로 찌르고 싶다는 뜻.
夷(이) : '平'의 뜻으로 나라를 화평하게 잘 다스리는 것.
懌(역) : 기뻐하다.
懲(징) : 마음을 다잡아 고치는 것.
覆(복) : 도리어. 오히려. '反'의 뜻.
家父(가보) : 이 시를 지은 주나라 대부(大夫)의 이름. '家'는 씨(氏),

보(父)는 자(字). 誦(송) : 읊는 글. 곧 시가.
究(구) : 추구(推究)하다.
訩(흉) : 혼란. 왕흉(王訩)은 임금의 정치가 혼란해진 것.
式(식) : 어조사. 訛(와) : 깨다. 움직이다.
畜(휵) : 기르다. '慉(기를 휵)'과 같은 글자.

5. 소민지십(小旻之什)

이 부류는 〈소민(小旻)〉을 위시하여 〈소완(小宛)〉·〈소반(小弁)〉·〈교언(巧言)〉·〈하인사(何人斯)〉·〈항백(巷伯)〉·〈곡풍(谷風)〉·〈육아(蓼莪)〉·〈대동(大東)〉·〈사월(四月)〉 등 10편으로 구성되어 있다.

巷 伯 (xiàng bó)

萋兮斐兮	成是貝錦	Qī xī fěi xī / chéng shì bèi jǐn
彼譖人者	亦已大甚	Bǐ zèn rén zhě / yì yǐ tài shèn
哆兮侈兮	成是南箕	Chǐ xī chǐ xī / chéng shì nán jī
彼譖人者	誰適與謀	Bǐ zèn rén zhě / shuí dí yǔ móu
緝緝翩翩	謀欲譖人	Jī jī piān piān / móu yù zèn rén

愼爾言也	謂爾不信	Shèn ěr yán yě / wèi ěr bù xìn

捷捷幡幡	謀欲譖言	Jié jié fān fān / móu yù zèn yán
豈不爾受	旣其女遷	Qǐ bù ěr shòu / jì qí rǔ qiān

驕人好好	勞人草草	Jiāo rén hǎo hǎo / láo rén cǎo cǎo
蒼天蒼天	視彼驕人	Cāng tiān cāng tiān / shì bǐ jiāo rén
矜此勞人		Jīn cǐ láo rén

彼譖人者	誰適與謀	Bǐ zèn rén zhě / shuí yǔ móu
取彼譖人	投畀豺虎	Qǔ bǐ zèn rén / tóu bì chái hǔ
豺虎不食	投畀有北	Chái hǔ bù shí / tóu bì yǒu běi
有北不受	投畀有昊	Yǒu běi bù shòu / tóu bì yǒu hào

楊園之道	猗于畝丘	Yáng yuán zhī dào / yǐ yú Mǔ qiū
寺人孟子	作爲此詩	Sì rén Mèng zǐ / zuò wéi cǐ shī
凡百君子	敬而聽之	Fán bǎi jūn zǐ / jìng ér tīng zhī

해제

항백(巷伯-궁중내시)은 신하 맹자(孟子)가 참소로 궁형(宮刑)을 당하여 내시가 된 것을 경계한 시이다. 작법상 제1·2장은 比, 제3·4·5·6장 부(賦), 제7장은 흥(興)에 속한다.

 주석

萋(처) : 문채가 화려한 모양.
斐(비) : 문채가 있어 아름다운 모양.
貝錦(패금) : 조개 무늬 비슷한 문양이 있는 비단.
譖(참) : 참소(譖訴)하다. 남을 헐뜯어 윗사람에게 일러바치는 것.
大甚(태심) : 너무 심하다. '大'는 '太'와 통함.
哆(치) : 큰 모양. 侈(치) : 벌려있는 모양.
南箕(남기) : 남쪽의 기성(箕星). 청룡 칠수(靑龍七宿)의 맨 끝 성수(星宿)로서 별 넷으로 구성되어 있음.
適(적) : 주로. '主'의 뜻.
緝緝(즙즙) : 수다스럽게 지껄이는 모양. 조잘조잘.
翩翩(편편) : 오고 가는 모양.
捷捷(첩첩) : 약빠른 모양. 민첩함 모양.
幡幡(번번) : 되풀이하는 모양.
爾(이) : 너. '譖人'을 가리킴. 女(여) : 너. '譖人'을 가리킴.
好好(호호) : 기뻐하는 모양.
勞人(노인) : 참언으로 고생하는 사람.
草草(초초) : 근심하는 모양.
矜(긍) : 불쌍히 여기다.
畀(비) : 주다. 豺(시) : 승냥이.
北(북) : 북녘의 한랭(寒凉)한 불모지.
昊(호) : 昊天(호천)의 뜻. 곧 하늘.
楊園(양원) : 정원 이름.
猗(의) : 보태다. 가하다. 여기서는 이어져 있다는 뜻.

畝丘(묘구) : 언덕 이름.
寺人(시인) : 내관. 내시. 孟子(맹자) : 시인(寺人)인 작자의 자칭.

谷風(gǔ fēng)

習習谷風　維風及雨　　Xí xí gǔ fēng / wéi fēng jí yǔ
將恐將懼　維予與女　　Jiāng kǒng jiāng jù / wéi yú yǔ rǔ
將安將樂　女轉棄予　　Jiāng ān jiāng lè / rǔ zhuǎn qì yú

習習谷風　維風及頹　　Xí xí gǔ fēng / wéi fēng jí tuí
將恐將懼　寘予于懷　　Jiāng kǒng jiāng jù / zhì yú yú huái
將安將樂　棄予如遺　　Jiāng ān jiāng lè / qì yú rú yí

習習谷風　維山崔嵬　　Xí xí gǔ fēng / wéi shān cuī wéi
無草不死　無木不萎　　Wú cǎo bù sǐ / wú mù bù wěi
忘我大德　思我小怨　　Wàng wǒ dà dé / sī wǒ xiǎo yuàn

변심한 친구를 원망하여 지은 시이다. 작법상 제1·2장은 흥(興), 제3장은 비(比)에 속한다.

習習(습습) : 바람이 솔솔 부는 모양. 산들산들.
谷風(곡풍) : 동풍(東風).
恐懼(공구) : 위난과 근심이 있던 때를 말함.
安樂(안락) : 편히 즐겁게 사는 것. **轉**(전) : 돌다. 여기서는 마음이 변
  한 것.
頹(퇴) : 거센 바람. 질풍.
寘(치) : 두다. '置'와 같은 글자. **懷**(회) : 품. 이 구절은 품에 자신을
  안아 주었다는 뜻.
遺(유) : 잊다. '忘'의 뜻.
崔嵬(최외) : 산이 높고 가파른 모양.
萎(위) : 시들다.

蓼 莪(lù é)

蓼蓼者莪　匪莪伊蒿　Lù lù zhě é / fěi é yī hāo
哀哀父母　生我劬勞　āi āi fù mǔ / shēng wǒ qú láo

蓼蓼者莪　匪莪伊蔚　Lù lù zhě é / fěi é yī wèi
哀哀父母　生我勞瘁　āi āi fù mǔ / shēng wǒ láo cuì

缾之罄矣	維罍之恥	Píng zhī qìng yǐ / wéi léi zhī chǐ
鮮民之生	不如死之久矣	Xiǎn mín zhī shēng / bù rú sǐ zhī jiǔ yǐ
無父何怙	無母何恃	Wú fù hé hù / wú mǔ hé shì
出卽銜恤	入則靡至	Chū jí xián xù / rù zé mǐ zhì

父兮生我	母兮鞠我	Fù xī shēng wǒ / mǔ xī jū wǒ
拊我畜我	長我育我	Fǔ wǒ xù wǒ / zhǎng wǒ yù wǒ
顧我復我	出入腹我	Gù wǒ fù wǒ / chū rù fù wǒ
欲報之德	昊天罔極	Yù bào zhī dé / hào tiān wǎng jí

南山烈烈	飄風發發	Nán shān liè liè / piāo fēng bō bō
民莫不穀	我獨何害	Mín mò bù gǔ / wǒ dú hé hài

南山律律	飄風弗弗	Nán shān lǜ lǜ / piāo fēng fú fú
民莫不穀	我獨不卒	Mín mò bù gǔ / wǒ dú bù zú

해제

고생하는 백성이 그 부모를 잘 봉양하지 못함을 노래한 것이다. 작법상 제1·2·3장은 비(比), 제4장은 부(賦), 제5·6장은 흥(興)에 속한다.

蓼蓼(육륙) : 풀이 더부룩하게 자란 모양.
莪(아) : 다북쑥.
蒿(호) : 쑥. '莪'와 '蒿'는 본래 같은 쑥이나, 봄에 연한 잎이 달린 것을 '莪', 대가 길게 자란 것을 '蒿'라 함.
劬勞(구로) : 힘들여 일하여 피로함.
蔚(위) : 제비쑥.
瘁(췌) : 파리하다. 勞瘁(노췌)는 몸이 고달파서 여윈 것.
缾(병) : '瓶'과 같은 자.
罄(경) : 비다. '盡'의 뜻으로 그릇 안이 텅 빈 것.
罍(뢰) : 구름무늬를 그린 단지 비슷한 오지그릇. '缾'과 '罍'는 모두 술그릇으로, '缾'은 작고 '罍'는 커서 '缾'에 술을 담아다가 '罍'에 붓는다. '缾'이 텅 비어 있으면 '罍'에 술이 찰 수 없으므로 '缾'이 비면 '罍'에 수치가 되는 것이다. 이는 부모님이 편치 못함은 바로 자식의 책임임을 비유해서 말한 것이다.
鮮(선) : 적다. '寡'의 뜻. 鮮民은 궁하고 고독한 백성.
死之久(사지구) : 죽음이 오래인 것. 곧 일찍 죽은 것.
怙(호) : 믿다. 믿어 의지하다.
恃(시) : 믿다. 믿어 의뢰하다.
恤(휼) : 근심. '憂'의 뜻. 銜恤은 걱정이 된다는 뜻.
靡至(미지) : '無所歸'의 뜻. 이 구절은 집에 들어와 부모님이 안 계시면 돌아갈 곳이 없는 것처럼 느껴진다는 뜻.
鞠(국) : 기르다. '養'의 뜻.

拊(부) : 어루만지다. 쓰다듬다.
畜(휵) : 기르다.
長(장) : 키워주다. 育(육) : 길러주다.
復(복) : '反復'의 뜻으로 또 다시 돌아보는 것.
腹(복) : '懷抱'의 뜻으로 껴안아 주는 것.
罔極(망극) : '無窮'의 뜻. 이 구절은 부모님 은혜가 하늘처럼 무궁해서 어떻게 갚아야 할 지 모르겠다는 뜻.
烈烈(열렬) : 높고 큰 모양.
飄風(표풍) : 회오리바람.
發發(발발) : 빠른 모양.
穀(곡) : '善'의 뜻으로 즐겁게 지내는 것.
害(해) : 해를 입는 것.
律律(율률) : 산이 험하고 높은 모양. 앞의 '烈烈'과 같은 말.
弗弗(불불) : 빠른 모양. 앞의 '發發'과 같은 말.
卒(졸) : '終養'의 뜻으로 부모님을 끝까지 모시는 것.

四月(sì yuè)

四月維夏	六月徂暑	Sì yuè wéi xià / liù yuè cú shǔ
先祖匪人	胡寧忍予	Xiān zǔ fěi rén / hú nìng rěn yú
秋日淒淒	百卉具腓	Qiū rì qī qī / bǎi huì jù féi
亂離瘼矣	爰其適歸	Luàn lí mò yǐ / yuán qí shì guī

冬日烈烈	飄風發發	Dōng rì liè liè / piāo fēng bō bō
民莫不穀	我獨何害	Mín mò bù gǔ / wǒ dú hé hài
山有嘉卉	侯栗侯梅	Shān yǒu jiā huì / hóu lì hóu méi
廢爲殘賊	莫知其尤	Fèi wéi cán zéi / mò zhī qí yóu
相彼泉水	載清載濁	Xiàng bǐ quán shuǐ / zài qīng zài zhuó
我日構禍	曷云能穀	Wǒ rì gòu huò / hé yún néng gǔ
滔滔江漢	南國之紀	Tāo tāo Jiāng Hàn / nán guó zhī jì
盡瘁以仕	寧莫我有	Jìn cuì yǐ shì / nìng mò wǒ yǒu
匪鶉匪鳶	翰飛戾天	Fěi chún fěi yuān / hàn fēi lì tiān
匪鱣匪鮪	潛逃于淵	Fěi zhān fěi wěi / qián táo yú yuān
山有蕨薇	隰有杞桋	Shān yǒu jué wēi / xí yǒu qǐ yí
君子作歌	維以告哀	Jūn zǐ zuò gē / wéi yǐ gào āi

해제

주나라 신하가 환난을 당하여 조상을 원망하며 슬퍼서 노래한 것이다. 작법상 제7장만 부(賦)이고 나머지는 모두 흥(興)에 속한다.

 주석

維夏(유하) : '立夏'의 뜻으로 여름이 시작되는 것.
徂暑(조서) : 한더위가 시작되는 것. '徂'는 '祖'와 통하며, '祖'는 '始'의 뜻.
胡(호) : 어찌. 寧(녕) : 이에. '乃'와 같은 뜻.
淒淒(처처) : 싸늘한 모양. 쌀쌀한 모양.
卉(훼) : 풀. 초목.
腓(비) : 병들다. 즉 시드는 것.
瘼(막) : 병들다. 흩어지다.
爰(원) : ≪孔子家語(공자가어)≫에 '奚'로 표기되어 있음. '奚(해)'는 '何'의 뜻. 어디로.
適(적) : 가다. '去'의 뜻. 適歸(적귀)는 돌아가는 것.
烈烈(열렬) : 추위가 혹심한 모양.
飄風(표풍) : 회오리바람.
發發(발발) : 빠른 모양.
嘉卉(가훼) : 아름다운 초목. '嘉'는 '美'의 뜻.
侯(후) : '維', '伊'와 같은 어조사.
廢(폐) : 자리에서 내쫓는 것.
殘賊(잔적) : 남을 해치는 사람.
尤(우) : 허물. 잘못. '過'의 뜻.
相(상) : 보다. '視'의 뜻.
構禍(구화) : 화를 당하는 것. '構'는 '遭'의 뜻.
曷(갈) : 어찌. 穀(곡) : 잘 지내는 것. '善'의 뜻.
滔滔(도도) : 큰물이 흐르는 모양. 넘실넘실.

江漢(강한) : 강수(江水)와 한수(漢水).
紀(기) : 벼리. 이 구절은 강수와 한수가 남쪽 나라의 모든 물을 총괄
　　　　한다는 뜻.
瘁(췌) : 병나다. 仕(사) : 섬기다. '事'와 통함.
有(유) : '識有'의 뜻으로 알아줌이 있는 것. 곧 알아준다는 뜻.
鶉(순) : 수리. 鳶(연) : 솔개.
翰飛(한비) : 하늘 높이 나는 것.
戾(려) : 이르다. '至'의 뜻.
鱣(전) : 잉어. 鮪(유) : 메기.
蕨薇(궐미) : 고사리와 고비.
隰(습) : 진펄. 杞桋(기이) : 구기자나무와 멧대추나무.
維(유) : 오직. '唯'와 같은 자.

6. 북산지십(北山之什)

이 부류는 〈북산(北山)〉을 위시하여 〈무장대거(無將大車)〉·〈소명(小明)〉·〈고종(鼓鐘)〉·〈초자(楚茨)〉·〈신남산(信南山)〉·〈보전(甫田)〉·〈대전(大田)〉·〈첨피락의(瞻彼洛矣)〉·〈상상자화(裳裳者華)〉 등 10편으로 구성되어 있다.

小 明(xiǎo míng)

明明上天	照臨下土	Míng míng shàng tiān / zhào lín xià tǔ
我征徂西	至于艽野	Wǒ zhēng cú xī / zhì yú qiú yě
二月初吉	載離寒暑	èr yuè chū jí / zài lí hán shǔ
心之憂矣	其毒大苦	Xīn zhī yōu yǐ / qí dú tài kǔ
念彼共人	涕零如雨	Niàn bǐ gōng rén / tì líng rú yǔ
豈不懷歸	畏此罪罟	Qǐ bù huái guī / wèi cǐ zuì gǔ

昔我往矣	日月方除	Xī wǒ wǎng yǐ / rì yuè fāng yú
曷云其還	歲聿云莫	Hé yún qí huán / suì yù yún mù
念我獨兮	我事孔庶	Niàn wǒ dú xī / wǒ shì kǒng shù
心之憂矣	憚我不暇	Xīn zhī yōu yǐ / dàn wǒ bù xiá
念彼共人	睠睠懷顧	Niàn bǐ gōng rén / juàn juàn huái gù
豈不懷歸	畏此譴怒	Qǐ bù huái guī / wèi cǐ qiǎn nù

昔我往矣	日月方奧	Xī wǒ wǎng yǐ / rì yuè fāng yù
曷云其還	政事愈蹙	Hé yún qí huán / zhèng shì yù cù
歲聿云莫	采蕭穫菽	Suì yù yún mù / cǎi xiāo huò shū
心之憂矣	自詒伊戚	Xīn zhī yōu yǐ / zì yí yī qī
念彼共人	興言出宿	Niàn bǐ gōng rén / xīng yán chū sù
豈不懷歸	畏此反覆	Qǐ bù huái guī / wèi cǐ fǎn fù

嗟爾君子	無恒安處	Jiē ěr jūn zǐ / wú héng ān chǔ
靖共爾位	正直是與	Jìng gōng ěr wèi / zhèng zhí shì yǔ
神之聽之	式穀以女	Shén zhī tīng zhī / shì gǔ yǐ rǔ

嗟爾君子	無恒安息	Jiē ěr jūn zǐ / wú héng ān xī
靖共爾位	好是正直	Jìng gōng ěr wèi / hào shì zhèng zhí
神之聽之	介爾景福	Shén zhī tīng zhī / jiè ěr jǐng fú

해제

2월에 부역을 가서 한 해가 다 가도록 귀향하지 못하니, 난세를 탄식하는 글이다. 작법상 부(賦)에 속한다.

주석

征(정) : 가다. 徂(조) : 가다.
芃野(구야) : 거칠고 먼 땅. 변경의 황무지를 뜻함.
初吉(초길) : 삭일(朔日). 곧 음력 매월 초하룻날.
載(재) : 어조사. 이 구절은 집 떠나 추위와 더위에 시달려 왔다는 뜻.
毒(독) : 괴로움. 고통. '苦', '痛'의 뜻.
共人(공인) : 동료. 친구.
涕零(체령) : 눈물이 뚝뚝 떨어지다.
懷歸(회귀) : '思歸'의 뜻. 돌아가고 싶은 것.
罪罟(죄고) : 죄의 그물. 죄망(罪網). 법망(法網). '罟'는 '網'의 뜻.
除(여) : '除舊生新'의 뜻. 곧 묵은 것이 물러가고 새로운 것이 생겨나는 때로서, 음력 2월을 가리킴. 이 구절은 봄기운이 한창 퍼지던 2월이었다는 뜻.
曷云(갈운) : 언제. '何時'의 뜻.
聿(율) : 어조사. 莫(모) : 저물다. '暮'와 같은 글자.
孔(공) : 매우. 심히. '甚'의 뜻. 庶(서) : 많다. '衆'의 뜻.
憚(탄) : 고달프다. 고생하다.
睠睠(권권) : 못 잊어 돌아보는 모양.
懷顧(회고) : 그리움에 사무쳐 돌아보는 모양.

譴怒(견노) : 성내며 꾸짖다. 책망하다. 질책하다.
奧(욱) : 따뜻하다. '燠(따뜻할 욱)'과 같은 글자.
愈(유) : 더욱.
蹙(축) : 닥치다. 급박하다.
采蕭(채소) : 땔나무로 쑥대를 베는 것을 뜻함. 菽(숙) : 콩.
詒(이) : 끼치다. 戚(척) : 근심. 걱정. '憂'의 뜻.
興(흥) : 잠자다가 일어나는 것. 言(언) : 어조사. 宿(숙) : 잠자리. 숙소.
反覆(반복) : 억울하게 죄를 뒤집어 쓴 것.
嗟爾(차이) : 감탄사. 아아. '爾'는 '然'과 같은 조자(助字).
安處(안처) : 편히 지내는 것.
靖(정) : 조용하다. '靜'과 같음. 共(공) : 삼가다. '恭'과 통함.
正直(정직) : 여기서는 정직한 사람. 與(여) : 돕다. '助'의 뜻.
式(식) : 어조사. 穀(곡) : 福祿(복록)의 뜻. 女(여) : 너. '汝'와 같음.
好(호) : 좋아하다. 사랑하다.
介·景(개·경) : 모두 '大'의 뜻. 「그대에게 큰복을 크게 내려 주시라」

7. 상호지십(桑扈之什)

이 부류는 〈상호(桑扈)〉〈산비둘기)를 위시하여 〈원앙(鴛鴦)〉·〈규변(頍弁)〉·〈거할(車舝)〉·〈청승(靑蠅)〉·〈빈지초연(賓之初筵)〉·〈어조(魚藻)〉·〈채숙(采菽)〉·〈각궁(角弓)〉·〈원류(菀柳)〉 등 10편으로 구성되어 있다.

靑 蠅(qīng yíng)

營營靑蠅	止于樊	Yíng yíng qīng yíng / zhǐ yú fán
豈弟君子	無信讒言	Kǎi tì jūn zǐ / wú xìn chán yán
營營靑蠅	止于棘	Yíng yíng qīng yíng / zhǐ yú jí
讒人罔極	交亂四國	Chán rén wǎng jí / jiāo luàn sì guó
營營靑蠅	止于榛	Yíng yíng qīng yíng / zhǐ yú zhēn

讒人罔極　構我二人　　Chán rén wǎng jí / gòu wǒ èr rén

해제

참소하고 모함하는 자들을 쉬파리에 비유하여 지은 시이다. 작법상 제1장은 비(比), 제2·3장은 흥(興)에 속한다.

주석

營營(영영) : 왔다 갔다 하며 나는 소리. 윙윙.
靑蠅(청승) : 쉬파리. 여기서는 참언자에 비유.
樊(번) : 울타리. '藩(울타리 번)'과 같음.
豈弟(개제) : 외모와 심성이 온화하고 단정함.
棘(극) : 가시나무. 여기서는 가시나무 울타리.
罔極(망극) : '無已'의 뜻으로 끊임이 없는 것.
四國(사국) : 사방의 나라. 온 나라.
榛(진) : 개암나무. 여기서는 개암나무 울타리.
構(구) : 이간시키다.

采 菽(cǎi shū)

采菽采菽　筐之筥之　　Cǎi shū cǎi shū / kuāng zhī jǔ zhī
君子來朝　何錫予之　　Jūn zǐ lái cháo / hé xī yǔ zhī

雖無予之	路車乘馬	Suī wú yǔ zhī / lù jū shèng mǎ
又何予之	玄袞及黼	Yòu hé yǔ zhī / xuán gǔn jí fǔ

觱沸檻泉	言采其芹	Bì fú jiàn quán / yán cǎi qí qín
君子來朝	言觀其旂	Jūn zǐ lái cháo / yán guān qí qí
其旂淠淠	鸞聲嘒嘒	Qí qí pèi pèi / luán shēng huì huì
載驂載駟	君子所屆	Zài cān zài sì / jūn zǐ suǒ jiè

赤芾在股	邪幅在下	Chì fú zài gǔ / xié fú zài xià
彼交匪紓	天子所予	Bǐ jiāo fěi shū / tiān zǐ suǒ yǔ
樂只君子	天子命之	Lè zhǐ jūn zǐ / tiān zǐ mìng zhī
樂只君子	福祿申之	Lè zhǐ jūn zǐ / fú lù shēn zhī

維柞之枝	其葉蓬蓬	Wéi zuò zhī zhī / qí yè péng péng
樂只君子	殿天子之邦	Lè zhǐ jūn zǐ / diàn tiān zǐ zhī bāng
樂只君子	萬福攸同	Lè zhǐ jūn zǐ / wàn fú yōu tóng
平平左右	亦是率從	Píng píng zuǒ yòu / yì shì shuài cóng

汎汎楊舟	紼纚維之	Fàn fàn yáng zhōu / fú lí wéi zhī
樂只君子	天子葵之	Lè zhǐ jūn zǐ / tiān zǐ kuí zhī
樂只君子	福祿膍之	Lè zhǐ jūn zǐ / fú lù pí zhī
優哉游哉	亦是戾矣	Yōu zāi yóu zāi / yì shì lì yǐ

해제

제후들이 주나라 왕의 덕을 칭송한 것에 대해서 왕이 화답한 글이다. 작법상 제3장만 부(賦)이고 나머지는 모두 흥(興)에 속한다.

주석

采菽(채숙) : 콩을 따다.
筐(광) : 네모진 광주리. 筥(거) : 둥근 둥그미. 모두가 물건을 담는 대나무그릇. 여기서는 동사로 쓰임.
君子(군자) : 제후를 가리킨다.
錫(석) : 주다. 予(여) : 주다. 錫予는 '下賜'의 뜻.
路車(노거) : 제후가 타는 수레. 여기에는 금으로 장식한 수레〔金輅〕와 상골(象骨)로 수레〔象輅〕가 있는데, 전자는 동성(同姓)의 제후에게, 후자는 이성(異姓)의 제후에게 하사했다고 한다. '路'는 '輅(수레 로)'와 같은 글자.
玄袞(현곤) : 검은 천에 둥글게 말린 용〔卷龍〕이 그려진 웃옷.
黼(보) : 수(繡). 반흑반백(半黑半白)의 실로 자루가 없는 도끼 모양의 무늬를 수놓은 예복. 여기서는 그 바지.
觱沸(필불) : 샘물이 용솟음치는 모양.
檻泉(함천) : 물이 넘쳐흐르는 샘. '檻'은 '濫(넘칠람)'과 통함.
言(언) : 어조사. 芹(근) : 미나리.
觀(관) : 보이다. '見'의 뜻.
旂(기) : 기. 날아오르는 용과 내려오는 용을 그린 붉은 기. 여기서는 제후의 수레에 꽂힌 여러 가지 깃발을 뜻함.

Ⅱ. 소아(小雅) 233

淠淠(패패) : 흔들리는 모양. 움직이는 모양.
鸞(란) : 말고삐에 매다는 방울. 말방울.
嘒嘒(혜혜) : 소리가 가락이 맞아 듣기 좋은 모양. 여기서는 말방울이 짤랑거리는 소리.
驂(참) : 곁말. 駟(사) : 네 필의 말. 사마(四馬). 옛날의 마차는 네 필의 말이 끄는데, 바깥쪽 좌우의 말을 '驂', 안쪽의 두 말을 '服'이라 하였음.
屆(계) : 이르다. 다다르다. '至'의 뜻.
赤芾(적불) : 붉은 슬갑. 슬갑(膝甲)은 지난날, 추위를 막기 위해 바지 위에 껴입던, 무릎까지 내려오던 옷. '芾'은 '韍(폐슬 불)'과 통함. 股(고) : 넓적다리. 정강이.
邪幅(사폭) : 행전(行纒). 행전은 바지가랑이를 가든하게 하기 위해 무릎 아래에서 발목까지 싸서 매는 번듯한 헝겊으로 만든 것. '邪'는 '斜'의 뜻.
彼(피) : '匪'와 통함. 交(교) : 교만하다. 오만하다. '敖(오만할 오)'와 통함.
紓(서) : 느슨하다. 태만하다.
只(지) : 어조사.
申(신) : 거듭하다. '重'의 뜻. 「복과 녹이 거듭 내려지게 되길」
維(유) : 어조사. 柞(작) : 조롱나무.
蓬蓬(봉봉) : 무성한 모양.
殿(전) : 진정시키다. '鎭'의 뜻. 여기서는 나라를 안정시키는 것.
攸(유) : 어조사. 同(동) : 모이다. '聚'의 뜻.
平平(평평) : 점잖고 우아한 모양. '便便'과 같은 말. 左右(좌우) : 제후의 신하들.
率從(솔종) : 따라오다. '隨從'의 뜻.

汎汎(범범) : 물 위에 떠있는 모양. 두둥실.

紼(불) : 배를 잡아매는 줄.

纚·維(리·유) : 모두 '繫(맬 계)'의 뜻으로 잡아매는 것.

葵(규) : 헤아리다. '揆(헤아릴 규)'와 같은 글자.

腬(비) : 후하다. '厚'의 뜻.

優游(우유) : 의젓하고 점잖은 것.

是戾(시려) : '至於此'. 여기까지 왔다는 뜻.

8. 도인사지십(都人士之什)

이 부류는 〈도인사(都人士)〉〈서울인사〉를 위시하여 〈채록(采綠)〉·〈서묘(黍苗)〉·〈습상(隰桑)〉·〈백화(白華)〉·〈면만(緜蠻)〉·〈호엽(瓠葉)〉·〈참참지석(漸漸之石)〉·〈초지화(苕之華)〉·〈하초불황(何草不黃)〉 등 10편으로 구성되어 있다.

都 人 士(dū rén shì)

彼都人士	狐裘黃黃	Bǐ dū rén shì / hú qiú huáng huáng
其容不改	出言有章	Qí róng bù gǎi / chū yán yǒu zhāng
行歸于周	萬民所望	Xíng guī yú Zhōu / wàn mín suǒ wàng
彼都人士	臺笠緇撮	Bǐ dū rén shì / tái lì zī cuō
彼君子女	綢直如髮	Bǐ jūn zǐ nǚ / chóu zhí rú fà

我不見兮	我心不說	Wǒ bù jiàn xī / wǒ xīn bù yuè
彼都人士	充耳琇實	Bǐ dū rén shì / chōng ěr xiù shí
彼君子女	謂之尹吉	Bǐ jūn zǐ nǚ / wèi zhī Yǐn jí
我不見兮	我心苑結	Wǒ bù jiàn xī / wǒ xīn yù jié
彼都人士	垂帶而厲	Bǐ dū rén shì / chuí dài ér lì
彼君子女	卷髮如蠆	Bǐ jūn zǐ nǚ / juǎn fà rú chài
我不見兮	言從之邁	Wǒ bù jiàn xī / yán cóng zhī mài
匪伊垂之	帶則有餘	Fěi yī chuí zhī / dài zé yǒu yú
匪伊卷之	髮則有旟	Fěi yī juǎn zhī / fà zé yǒu yú
我不見兮	云何盱矣	Wǒ bù jiàn xī / yún hé xū yǐ

주나라가 황폐하게 되니 지난날 화려하고 예절바른 시절을 회상하며 지은 시이다. 작법상 부(賦)에 속한다.

주석

都(도) : 서울.
狐裘(호구) : 여우 가죽으로 만든 옷. 여우 갓옷.
不改(불개) : '有常'의 뜻으로 변함이 없는 것.

章(장) : 문채(文采). 문리(文理). 有章(유장)은 말에 조리가 있는 것.
周(주) : 주나라. 여기서는 주나라 초기의 서울 호경(鎬京)을 가리킴.
臺(대) : 사초(莎草). '薹(사초 대)'와 같은 글자. 臺笠(대립)은 사초로 짠 삿갓. 緇(치) : 치포관(緇布冠).
撮(촬) : 치포관을 고정시키는 띠 따위의 물건.
君子女(군자녀) : 서울 귀족 집안의 딸을 가리킴.
綢(주) : 촘촘하다. 치밀하다. '稠(빽빽할 조)'와 통함. 이 구절은 올이 곧은 머리카락처럼 성격이 치밀하고 행동이 바르다는 뜻.
說(열) : 기쁘다. '悅'과 같은 글자.
充耳(충이) : 귀막이. 琇(수) : 옥돌.
實(실) : '塞'의 뜻으로 귀를 막는 것. 옥돌로 귀를 막는 충이(充耳)를 하고 있다는 것은 결국 옥돌로 귀막이를 하고 있다는 뜻.
尹吉(윤길) : '尹'은 尹氏, '吉'은 '姞'과 통하여 姞氏. 두 씨(氏)는 주나라 왕실과 혼인해 온 구성(舊姓).
苑(울) : 막히다. '鬱'과 통함. 苑結(울결)은 가슴이 답답하고 막힌 것.
垂帶(수대) : 늘어진 띠.
厲(려) : 띠가 늘어진 모양.
卷髮(권발) : 말려 있는 머리.
蠆(채) : 전갈. 꼬리가 길고 갈고리처럼 휘어져 있음.
言(언) : 어조사. 邁(매) : 가다. '往'의 뜻.
旟(여) : '揚'의 뜻으로 머리가 말려 위로 올라간 것.
云何(운하) : 얼마나.
盱(우) : 근심하다. 마음이 아프다. '憂', '病'의 뜻.

隰 桑(xí sāng)

隰桑有阿　其葉有難　　Xí sāng yǒu ě / qí yè yǒu nuó
旣見君子　其樂如何　　Jì jiàn jūn zǐ / qí lè rú hé

隰桑有阿　其葉有沃　　Xí sāng yǒu ě / qí yè yǒu wò
旣見君子　云何不樂　　Jì jiàn jūn zǐ / yún hé bù lè

隰桑有阿　其葉有幽　　Xí sāng yǒu ě / qí yè yǒu yōu
旣見君子　德音孔膠　　Jì jiàn jūn zǐ / dé yīn kǒng jiāo

心乎愛矣　遐不謂矣　　Xīn hū ài yǐ / xiá bù wèi yǐ
中心藏之　何日忘之　　Zhōng xīn cáng zhī / hé rì wàng zhī

해제

뽕나무와 그 잎은 여성을 상징한다. 음란한 풍조를 풍자한 것이다. 작법상 제1·2·3장은 흥(興), 제4장은 부(賦)에 속한다.

주석

隰桑(습상) : 진펄에 자란 뽕나무.
阿(아) : 아름답다. '有阿'는 '阿然'과 같은 말로 아름다운 모양.

難(나) : 우거지다. '有難' 역시 '難然'과 같은 말로 무성한 모양.
君子(군자) : 사랑하는 사람을 가리킴. 우리 님.
如何(여하) : 어떠하겠는가? 무어라 말할 수 없이 크다는 뜻.
沃(옥) : 기름지다. '有沃'은 윤이 나는 모양.
云何(운하) : 어찌.
幽(유) : 검은 빛. '有幽'는 검푸른 모양.
德音(덕음) : 좋은 말씀.
膠(교) : 굳다. 견고하다. '固'의 뜻.
遐(하) : 어찌. '何'의 뜻. 謂(위) : '告'의 뜻으로 사랑을 고백하는 것.
藏(장) : 품다. 간직하다.
何日(하일) : 어찌 하루라도.

Ⅲ. 대아(大雅)

대아(大雅)는 궁중의 조회에 쓰이던 음악이다. 그러므로 악곡과 가사가 매우 전아(典雅)하다. 대아도 정대아(正大雅)와 변대아(變大雅)로 구분되는데 〈문왕(文王)〉부터 〈권아(卷阿)〉까지 18편이 정대아이고, 〈민로(民勞)〉부터 〈소민(召旻)〉까지 13편이 변대아이다.

1. 문왕지십(文王之什)

이 부류는 〈문왕(文王)〉을 위시하여 〈대명(大明)〉·〈면(緜)〉·〈역복(棫樸)〉·〈한록(旱麓)〉·〈사제(思齊)〉·〈황의(皇矣)〉·〈영대(靈臺)〉·〈하무(下武)〉·〈문왕유성(文王有聲)〉 등 10편으로 구성되어 있다.

文 王(Wén wáng)

文王在上	於昭于天	Wén wáng zài shàng / wū zhāo yú tiān
周雖舊邦	其命維新	Zhōu suī jiù bāng / qí mìng wéi xīn
有周不顯	帝命不時	Yǒu Zhōu bù xiǎn / dì mìng bù shí
文王陟降	在帝左右	Wén wáng zhì jiàng / zài dì zuǒ yòu
亹亹文王	令聞不已	Wěi wěi Wén wáng / lìng wén bù yǐ
陳錫哉周	侯文王孫子	Chén xī zāi Zhōu / hóu Wén wáng sūn zǐ

III. 대아(大雅) 243

文王孫子　本支百世　　Wén wáng sūn zǐ / běn zhī bǎi shì
凡周之士　不顯亦世　　Fán Zhōu zhī shì / bù xiǎn yì shì

世之不顯　厥猶翼翼　　Shì zhī bù xiǎn / jué yóu yì yì
思皇多士　生此王國　　Sī huáng duō shì / shēng cǐ wáng guó
王國克生　維周之楨　　Wáng guó kè shēng / wéi Zhōu zhī zhēn
濟濟多士　文王以寧　　Jǐ jǐ duō shì / Wén wáng yǐ níng

穆穆文王　於緝熙敬止　Mù mù Wén wáng / wū jī xī jìng zhǐ
假哉天命　有商孫子　　Gé zāi tiān mìng / yǒu Shāng sūn zǐ
商之孫子　其麗不億　　Shāng zhī sūn zǐ / qí lǐ bù yì
上帝既命　侯于周服　　Shàng dì jì mìng / hóu yú Zhōu fú

侯服于周　天命靡常　　Hóu yú Zhōu fú / tiān mìng mǐ cháng
殷士膚敏　祼將于京　　Yīn shì fū mǐn / guàn jiāng yú jīng
厥作祼將　常服黼冔　　Jué zuò guàn jiāng / cháng fú fǔ xǔ
王之藎臣　無念爾祖　　Wáng zhī jìn chén / wú niàn ěr zǔ

無念爾祖　聿脩厥德　　Wú niàn ěr zǔ / yù xiū jué dé
永言配命　自求多福　　Yǒng yán pèi mìng / zì qiú duō fú
殷之未喪師　克配上帝　Yīn zhī wèi sàng shī / kè pèi shàng dì
宜鑒于殷　駿命不易　　Yí jiàn yú Yīn / jùn mìng bù yì

命之不易　無遏爾躬　　Mìng zhī bù yì / wú è ěr gōng

宣昭義問　有虞殷自天　Xuān zhāo yì wèn / yǒu yú Yīn zì tiān
上天之載　無聲無臭　　Shàng tiān zhī zài / wú shēng wú xiù
儀刑文王　萬邦作孚　　Yí xíng Wén wáng / wàn bāng zuò fú

해제

주공(周公)이 천명으로 주나라를 흥성시킨 문왕의 덕을 기리며 지은 것이다. 7장 모두 작법상 부(賦)에 속한다.

주석

上(상) : 하늘. 이 구절은 문왕(文王)의 영혼이 하늘에 계신다는 뜻.
於(오) : 감탄사. 아아. 昭(소) : 밝다. 昭于天(소우천)은 문왕의 큰 덕이 하늘에 빛난다는 뜻.
舊邦(구방) : 오래된 나라.
命(명) : 천명. 維新(유신) : 새롭기만 하다.
有(유) : 어떤 조대(朝代) 이름 앞에 붙는 접두어로 별 뜻이 없음. 不(불) : '豈不'의 뜻. 혹은 '丕(클 비)'와 통하는 것으로 보기도 함. 다음 구절도 마찬가지임.
帝(제) : 상제(上帝). 하느님.
時(시) : '是'와 통하여 옳은 것. 이 구절은 하늘의 명이 주나라에 내려진 것이 옳다는 뜻.
陟(척) : 오르다. 陟降(척강)은 하늘과 땅으로 오르내리는 것.
左右(좌우) : 곁. 옆.
亹亹(미미) : 부지런히 힘쓰는 모양.

令聞(영문) : 훌륭한 명예. '令'은 '善'의 뜻. 不已(불이) : 끊이지 않는
   것. '已'는 '止'의 뜻.
陳(진) : 베풀다. 陳錫(진석)은 은혜나 복록을 베푸는 것. 哉(재) :
   어조사.
侯(후) : '維'와 같은 어조사. 孫子(손자) : 자손(子孫)과 같은 말.
本支(본지) : 종손(宗孫)과 지손(支孫).
士(사) : 신하들.
厥(궐) : 그. '其'의 뜻. 猶(유) : 꾀하다. '猷(꾀할 유)'와 같은 글자.
翼翼(익익) : 신중하고 충성된 모양.
思(사) : 어조사. 皇(황) : 훌륭하다. 아름답다. '美'의 뜻. 多士(다사) :
   많은 신하들.
王國(왕국) : 문왕의 나라. 곧 주나라.
楨(정) : 담을 칠 때 담 양끝에 세우는 나무. 전(轉)하여, 근본. 기둥.
濟濟(제제) : 많은 모양.
穆穆(목목) : 덕이 깊은 모양. 「깊고 깊은 덕 지니신 문왕께서는」
於(오) : 감탄사. 아아.
緝熙(즙희) : 계속하여 오래 빛남. '緝'은 '續'의 뜻. 止(지) : 어조사.
假(가) : 크다. 위대하다. '大'의 뜻.
麗(려) : 수. 수효. '數'의 뜻.
不億(불억) : '不止於億'. 곧 헤아릴 수 없이 많은 것.
侯(후) : '維'와 같은 어조사.
于周服(우주복) : '服于周'. 곧 주나라에 복종하는 것.
殷士(은사) : 멸망한 은나라 출신의 관리들.
膚敏(부민) : 아름답고 민첩한 것. '膚'는 '美'의 뜻.
祼(관) : 강신제를 지내다. 신령의 강림을 기원하여 검은 기장으로

만든 울창(鬱鬯)이라는 술을 땅에 뿌리는 일.

祼將(관장) : 울창주를 땅에 뿌려 강신제를 지내는 것. 여기서는 그 일을 돕는 것.

服(복) : 입다. 쓰다. 黼(보) : '黼裳'. 곧 도끼 무늬를 수놓은 예복의 바지. 冔(후) : 은대(殷代)에 썼던 관(冠)의 이름.

藎(신) : '進'의 뜻으로 충성심이 두터워 나아가 끊임없이 힘쓰는 것. 藎臣은 충성심이 두터운 신하.

聿(율) : 발어사.

永(영) : 길이. 영원히. '長'의 뜻. 言(언) : 어조사.

配命(배명) : 하늘의 이치에 맞게 행하는 것.

師(사) : 무리. 백성. '衆'의 뜻.

鑒(감) : 거울삼다. '鑑'과 같은 글자.

駿(준) : 크다. '大'의 뜻. 不易(불이) : '難保'. 곧 보전하기 쉽지 않다는 뜻.

遏(알) : 그치다. 끊기다. '絶'의 뜻. 無遏(무알)은 단절되는 일이 없도록 하라는 뜻.

宣昭(선소) : 세상에 널리 밝힘. '宣'은 '布', '昭'는 '明'의 뜻. 義問(의문) : 훌륭한 명성. '義'는 '善'의 뜻, '問'은 '聞'과 통함.

有(유) : 또. '又'의 뜻.

虞(우) : 헤아리다. '度(헤아릴 탁)'의 뜻.

載(재) : 일. '事'의 뜻.

儀刑(의형) : 본받음. '儀'는 '象', '刑'은 '法'의 뜻.

作(작) : 곧. '則'의 뜻. 孚(부) : '信而順之'. 곧 믿고 따르는 것.

旱 麓(Hàn lù)

瞻彼旱麓　榛楛濟濟　　Zhān bǐ Hàn lù / zhén hù jǐ jǐ
豈弟君子　干祿豈弟　　Kǎi tì jūn zǐ / gān lù kǎi tì

瑟彼玉瓚　黃流在中　　Sè bǐ yù zàn / huáng liú zài zhōng
豈弟君子　福祿攸降　　Kǎi tì jūn zǐ / fú lù yōu jiàng

鳶飛戾天　魚躍于淵　　Yuān fēi lì tiān / yú yuè yú yuān
豈弟君子　遐不作人　　Kǎi tì jūn zǐ / xiá bù zuò rén

清酒既載　騂牡既備　　Qīng jiǔ jì zài / xīng mǔ jì bèi
以享以祀　以介景福　　Yǐ xiǎng yǐ sì / yǐ jiè jǐng fú

瑟彼柞棫　民所燎矣　　Sè bǐ zuò yù / mín suǒ liáo yǐ
豈弟君子　神所勞矣　　Kǎi tì jūn zǐ / shén suǒ láo yǐ

莫莫葛藟　施于條枚　　Mò mò gé lěi / yì yú tiáo méi
豈弟君子　求福不回　　Kǎi tì jūn zǐ / qiú fú bù huí

　　문왕의 덕으로 한산(旱山) 기슭에 초목이 무성하듯이 큰 복을 축원한 시이다. 작법상 제1·2·3·5·6장은 부(賦), 제4장은 흥(興)에

속한다.

주석

旱(한) : 산 이름. 지금의 섬서성(陝西省) 남정현(南鄭縣) 서남쪽에 있음. 麓(록) : 산기슭.
榛(진) : 개암나무. 楛(호) : 호나무. 싸리나무와 비슷함.
濟濟(제제) : 많은 모양.
豈弟(개제) : '樂易'의 뜻으로 즐겁고 편안한 것. 君子(군자) : 문왕을 가리킴.
干祿(간록) : 녹을 구함. '干'은 '求'의 뜻.
瑟(슬) : 깨끗하고 선명한 모양. 또는 치밀한 모양.
玉瓚(옥찬) : 창주(鬯酒)를 담는 구기 비슷한 그릇.
黃流(황류) : 노란빛이 감도는 것. 울금(鬱金)의 뿌리는 향기롭고 노란데, 울금초를 찧어서 창주(鬯酒)에 섞어 술을 만들면 그 빛 역시 노랗다 함.
攸(유) : 바. '所'의 뜻.
鳶(연) : 솔개. 戾(려) : 이르다. '至'의 뜻.
遐(하) : 어찌. '何'의 뜻. 作人(작인) : '變舊造新'. 곧 새로운 인재를 양성하는 것.
載(재) : '在尊'. 곧 술그릇에 술이 있는 것.
騂(성) : 털이 붉은 소. 牡(모) : 수컷. 備(비) : 갖추다. 잡아 놓았다는 뜻.
享(향) : 신에게 음식물을 바치는 것.
介(개) : 크다. 여기서는 '大受'의 뜻.
瑟(슬) : 무성한 모양. 柞棫(작역) : 떡갈나무와 두릅나무.
燎(료) : 불놓다. 여기서는 나무를 베어서 때는 것.

勞(로) : 위로하다.
莫莫(막막) : 무성한 모양. 葛藟(갈류) : 칡넝쿨
施(이) : 뻗다. 條枚(조매) : 가지와 줄기.
回(회) : 어그러지다. '邪'의 뜻. '不回'는 어긋남이 없는 것.

2. 생민지십(生民之什)

이 부류는 〈생민(生民)〉을 위시하여 〈행위(行葦)〉・〈기취(旣醉)〉・〈부예(鳧鷖)〉・〈가락(假樂)〉・〈공류(公劉)〉・〈형작(泂酌)〉・〈권아(卷阿)〉・〈민로(民勞)〉・〈판(板)〉 등 10편으로 구성되어 있다.

生 民 (shēng mín)

厥初生民	時維姜嫄	Jué chū shēng mín / shí wéi Jiāng yuán
生民如何	克禋克祀	Shēng mín rú hé / kè yīn kè sì
以弗無子	履帝武敏歆	Yǐ fú wú zǐ / lǚ dì wǔ mǐn xīn
攸介攸止	載震載夙	Yōu jiè yōu zhǐ / zài shēn zài sù
載生載育	時維后稷	Zài shēng zài yù / shí wéi Hòu jì
誕彌厥月	先生如達	Dàn mí jué yuè / xiān shēng rú dá

III. 대아(大雅) 251

不坼不副　無菑無害　　Bù chè bù pì / wú zāi wú hài
以赫厥靈　上帝不寧　　Yǐ hè jué líng / shàng dì bù níng
不康禋祀　居然生子　　Bù kāng yīn sì / jū rán shēng zǐ

誕寘之隘巷　牛羊腓字之　　Dàn zhì zhī ài xiàng / niú yáng féi zì zhī
誕寘之平林　會伐平林　　Dàn zhì zhī píng lín / huì fá píng lín
誕寘之寒氷　鳥覆翼之　　Dàn zhì zhī hán bīng / niǎo fù yì zhī
鳥乃去矣　后稷呱矣　　Niǎo nǎi qù yǐ / Hòu jì gū yǐ
實覃實訏　厥聲載路　　Shí tán shí xū / jué shēng zài lù

誕實匍匐　克岐克嶷　　Dàn shí pú fú / kè qí kè nì
以就口食　藝之荏菽　　Yǐ jiù kǒu shí / yì zhī rěn shū
荏菽旆旆　禾役穟穟　　Rěn shū pèi pèi / hé yì suì suì
麻麥幪幪　瓜瓞唪唪　　Má mài měng měng / guā dié běng běng

誕后稷之穡　有相之道　　Dàn Hòu jì zhī sè / yǒu xiàng zhī dào
茀厥豐草　種之黃茂　　Fú jué fēng cǎo / zhòng zhī huáng mào
實方實苞　實種實褎　　Shí fāng shí bāo / shí zhòng shí xiù
實發實秀　實堅實好　　Shí fā shí xiù / shí jiān shí hǎo
實穎實栗　即有邰家室　　Shí yǐng shí lì / jí yǒu Tái jiā shì

誕降嘉種　維秬維秠　　Dàn jiàng jiā zhǒng / wéi jù wéi pī
維穈維芑　　　　　　　Wéi mén wéi qǐ
恒之秬秠　是穫是畝　　Gèng zhī jù pī / shì huò shì mǔ

恒之穈芑　是任是負　　Gēng zhī mén qǐ / shì rèn shì fù
以歸肇祀　　　　　　　Yǐ guī zhào sì

誕我祀如何　或舂或揄　Dàn wǒ sì rú hé / huò chōng huò yú
或簸或蹂　釋之叟叟　　Huò bǒ huò róu / shì zhī sōu sōu
烝之浮浮　載謀載惟　　Zhēng zhī fú fú / zài móu zài wéi
取蕭祭脂　取羝以軷　　Qǔ xiāo jì zhī / qǔ dī yǐ bá
載燔載烈　以興嗣歲　　Zài fán zài liè / yǐ xīng sì suì

卬盛于豆　于豆于登　　Áng chéng yú dòu / yú dòu yú dēng
其香始升　上帝居歆　　Qí xiāng shǐ shēng / shàng dì jū xīn
胡臭亶時　后稷肇祀　　Hú xiù dǎn shí / Hòu jì zhào sì
庶無罪悔　以迄于今　　Shù wú zuì huǐ / yǐ qì yú jīn

해제

조상을 존숭하여 부른 것이다. 주희는 주공(周公)이 예를 제정하고 후직(后稷)을 우러러 존경하여 하늘과 함께 제사지냈기 때문에 이 시를 지은 것이다. 작법상 賦에 속한다.

주석

厥(궐) : 그, 저. '其'의 뜻. **民**(민) : 주나라 백성을 가리킴.
時(시) : 이. '是'와 통함.

姜嫄(강원) : 주나라 조상인 후직(后稷)의 어머니요, 고신씨(高辛氏)의 비(妃). '姜'은 성(姓), '嫄'은 이름.

禋(인) : 몸과 마음을 정결히 하여 제사지내는 것.

弗(불) : 떨다. 떨어내다. '祓'과 통함. '祓'은 신에게 빌어 재액(災厄)을 제거하는 것. 無子(무자) : 아들이 없는 재액.

履(리) : 밟다. 帝(제) : 상제(上帝). 하느님. 武(무) : 발자국. 敏(민) : 엄지발가락. '拇'와 통함.

歆(흠) : '動'의 뜻으로 마음이 움직이는 것.

攸(유) : 어조사. 介(개) : '大'의 뜻. 여기서는 상제(上帝)의 큰 발자국. 이 구절은 상제의 큰 발자국 위에 잠시 머물러 쉬었다는 뜻.

載(재) : 어조사. 震(진) : 애를 배다. 임신하다. '娠'의 뜻.

夙(숙) : 삼가다. 조신(操身)하다. '肅'의 뜻.

后稷(후직) : 본명은 기(棄). 주나라의 시조로 요(堯)임금 때 직관(稷官)을 지냈으므로 이름.

誕(탄) : 발어사. 이하 모두 같음.

彌(미) : 마치다. 경과하다. 이 구절은 임신한 지 열 달이 다 되었다는 뜻.

先生(선생) : '首生'의 뜻. 처음으로 아이를 낳는 것. 초산(初産). 達(달) : 양의 새끼. 양의 새끼는 쉽게 낳는다.

坼(탁) : 터지다. 갈라지다. 副(복) : 째지다. '破'의 뜻.

菑(재) : 재앙. '災'와 같은 자.

赫(혁) : 나타나다. '顯'의 뜻.

厥靈(궐령) : 하느님의 영묘(靈妙)하심.

不寧(불녕) : '豈不寧'. 어찌 아니 편하시리.

不康(불강) : '豈不康'. 어찌 아니 즐거우시리.

居然(거연) : 사물에 동(動)하지 않는 모양. 침착한 모양. 生子(생자) :
　　　　　아들을 낳게 하다.
寘(치) : 두다. 여기서는 가져다버리는 것.
隘巷(애항) : 좁은 골목. '隘'는 '狹'의 뜻.
胇(비) : 비호하다. '芘(덮을 비)'와 통함. 字(자) : '愛'의 뜻으로 사랑
　　　　하여 기르는 것.
平林(평림) : 평지로 된 숲. 넓은 숲.
會(회) : 마침. '値'의 뜻. 이 구절은 마침 나무꾼이 버려진 갓난아
　　　　이를 보고서 넓은 숲의 나무를 다 베어내 그 아이를 구
　　　　해냈다는 뜻.
覆(복) : 덮다. 날개로 아기를 덮어주는 것.
翼(익) : 깔다. 날개를 바닥에 깔아주는 것.
呱(고) : 울다. 갓난아이가 응애응애 우는 것.
覃(담) : 길다. '長'의 뜻. 訏(우) : 크다. '大'의 뜻.
載(재) : 차다. '滿'의 뜻. 載路(재로)는 울음소리가 길거리에 가득 들
　　　　렸다는 것.
匍匐(포복) : 손발로 엉금엉금 기어다님.
克(극) : 능히. 뛰어나게. '能'의 뜻.
岐嶷(기억) : 영리하고 재지(才智)가 있는 것. '岐'는 '知意', '嶷'는
　　　　　'識'의 뜻.
以就口食(이취구식) : 스스로 음식을 찾아 먹게 되는 것. 대개 6·7세
　　　　　　　때를 말함.
蓺(예) : 심다. 荏菽(임숙) : 왕콩.
旆旆(패패) : 길게 자란 모양.
禾役(화역) : 벼의 줄. '役'의 '列'의 뜻.

穟穟(수수) : 볏모가 잘 자라서 야드르르한 모양. 일설에는, 벼이
          삭이 패어 꽃이 피는 모양.
幪幪(몽몽) : 초목이 무성한 모양.
瓜瓞(과질) : 오이와 북치. 북치는 뿌리에 가까운 넝쿨에 열린 작은
          오이.
唪唪(봉봉) : 열매가 많이 열린 모양. 주렁주렁.
穡(색) : 농사일.
相(상) : 돕다. '助'의 뜻. 이 구절은 신의 도움이 있다는 뜻.
茀(불) : '治'의 뜻. 풀을 베어 가지런히 하는 것.
豊草(풍초) : 무성한 풀.
種(종) : 심다. 여기서는 곡식의 종자를 뿌리는 것.
黃茂(황무) : 가곡(佳穀). 좋은 곡식.
方(방) : '房'과 통하여 씨앗이 부푸는 것.
苞(포) : 껍질이 아직 터지지 않은 것.
種(종) : 껍질이 부어오를 대로 부어 올라 갈라터지는 것. 褎(유) : 싹
        이 점점 자라는 것.
發(발) : 이삭이 모두 패는 것. 秀(수) : 이삭이 여물기 시작하는 것.
堅(견) : 열매가 단단히 여물어 가는 것. 好(호) : 맛이 좋게 보이
        는 것.
穎(영) : 열매가 많아 이삭이 늘어져 있는 것.
栗(률) : 쭉정이가 없이 잘 여문 것.
卽(즉) : 나아가다.
邰(태) : 후직(后稷)의 어머니 강원(姜嫄)의 나라. 지금의 섬서성(陝西
        省) 무공현(武功縣) 서남쪽에 있었음. 이 구절은 후직이 태
        (邰)나라에 봉해졌다는 뜻.
降(강) : 하늘이 내려주신 것. 嘉種(가종) : 좋은 종자.

秬(거) : 검은 기장. 秠(비) : 검은 기장. '秬'와 같은 종류이나 한 껍
　　　　질 속에 두 알이 들어 있음. 두 알배기 기장.
穈(문) : 붉은 차조. 芑(기) : 흰 차조.
恒(긍) : 두루. '徧'의 뜻. 여기서는 두루 심는 것.
穫(확) : 거두다. 畝(묘) : 밭이랑. 여기서는 거둔 곡식을 밭에 쌓아
　　　　놓는 것.
任(임) : '肩任'의 뜻. 어깨에 메는 것. 負(부) : 등에 지는 것.
肇(조) : 처음. '始'의 뜻. 肇祀(조사)는 후직이 처음으로 나라를 받아
　　　　제주(祭主)가 되었으므로 이름.
我祀(아사) : 후직이 지낸 제사를 말함.
舂(용) : 찧다. 절구질하다.
揄(유) : 끌어내다. 절구질한 곡식을 퍼내는 것.
簸(파) : 까부르다. 곡식 따위를 키에 담아 키 끝을 위 아래로 흔들어
　　　　잡것을 날려보내는 것.
蹂(유) : 곡식을 짓밟아 껍질을 벗겨내는 것.
釋(석) : 물에 곡식을 이는 것.
叟叟(수수) : 곡식을 이는 소리.
烝(증) : 찌다. 浮浮(부부) : 뜨거운 김이 오른 모양. 모락모락.
謀(모) : 길일(吉日)을 점치는 것. 惟(유) : 날을 택하는 것.
蕭(소) : 쑥. 脂(지) : 기름. 이 구절은 쑥을 갖다 기름에 태움으로써
　　　　신에게 제사를 올리는 것을 말함.
羝(저) : 수양. 軷(발) : 발제(軷祭). 길을 떠날 때, 도중에 무사하기를
　　　　빌며 지내는 제사.
燔(번) : 고기를 굽는 것. 烈(렬) : 고기를 꿰어서 굽는 것.
興(흥) : 일으키다. 嗣(사) : 잇다. 오는 해를 일으키어 지난해의 풍년
　　　　을 이어가는 것.

卬(앙) : 나. '我'의 뜻. 盛(성) : 담다.
豆(두) : 제기(祭器) 이름. 나무 그릇으로, 소금에 절인 육채류(肉菜類)를 담는 데 쓰임.
登(등) : 제기(祭器) 이름. 질그릇으로, 국을 담는 데 쓰임.
居(거) : 편안히. '安'의 뜻.
歆(흠) : 흠향하다(歆饗). 신령이 제사 음식의 기(氣)를 마시는 것.
胡(호) : 얼마나. 臭(취) : 냄새. 여기서는 제물의 향기를 가리킴. 亶(단) : 진실로. '誠'의 뜻. 時(시) : '得其時也'의 뜻. 때가 알맞은 것.
庶(서) : 거의. '近'의 뜻. 罪悔(죄회) : 죄와 허물. 곧 죄과(罪過). '悔'는 '咎(허물 구)'의 뜻.
迄(흘) : 이르다. '至'의 뜻. 주나라가 나라를 다스림에 있어 별다른 죄과 없이 오늘에 이르렀다는 뜻.

板(bǎn)

上帝板板	下民卒癉	Shàng dì bǎn bǎn / xià mín zú dàn
出話不然	爲猶不遠	Chū huà bù rán / wéi yóu bù yuǎn
靡聖管管	不實於亶	Mǐ shèng guǎn guǎn / bù shí yú dǎn
猶之未遠	是用大諫	Yóu zhī wèi yuǎn / shì yòng dà jiàn
天之方難	無然憲憲	Tiān zhī fāng nàn / wú rán xiàn xiàn
天之方蹶	無然泄泄	Tiān zhī fāng guì / wú rán yì yì
辭之輯矣	民之洽矣	Cí zhī jí yǐ / mín zhī qià yǐ

辭之懌矣	民之莫矣	Cí zhī yì yǐ / mín zhī mò yǐ
我雖異事	及爾同僚	Wǒ suī yì shì / jí ěr tóng liáo
我即爾謀	聽我囂囂	Wǒ jí ěr móu / tīng wǒ xiāo xiāo
我言維服	勿以爲笑	Wǒ yán wéi fú / wù yǐ wéi xiào
先民有言	詢于芻蕘	Xiān mín yǒu yán / xún yú chú ráo
天之方虐	無然謔謔	Tiān zhī fāng nüè / wú rán xuè xuè
老夫灌灌	小子蹻蹻	Lǎo fū guàn guàn / xiǎo zǐ jiǎo jiǎo
匪我言耄	爾用憂謔	Fěi wǒ yán mào / ěr yòng yōu xuè
多將熇熇	不可救藥	Duō jiāng hè hè / bù kě jiù yào
天之方懠	無爲夸毗	Tiān zhī fāng qí / wú wéi kuā pí
威儀卒迷	善人載尸	Wēi yí zú mí / shàn rén zài shī
民之方殿屎	則莫我敢葵	Mín zhī fāng diàn shǐ / zé mò wǒ gǎn kuí
喪亂蔑資	曾莫惠我師	Sàng luàn miè zī / zēng mò huì wǒ shī
天之牖民	如壎如篪	Tiān zhī yǒu mín / rú xūn rú chí
如璋如圭	如取如攜	Rú zhāng rú guī / rú qǔ rú xié
攜無曰益	牖民孔易	Xié wú yuē yì / yǒu mín kǒng yì
民之多辟	無自立辟	Mín zhī duō pì / wú zì lì pì
价人維藩	大師維垣	Jiè rén wéi fān / dà shī wéi yuán
大邦維屏	大宗維翰	Dà bāng wéi píng / dà zōng wéi hàn

III. 대아(大雅) 259

懷德維寧　宗子維城　　Huái dé wéi níng / zōng zǐ wéi chéng
無俾城壞　無獨斯畏　　Wú bǐ chéng huài / wú dú sī wèi

敬天之怒　無敢戲豫　　Jìng tiān zhī nù / wú gǎn xì yù
敬天之渝　無敢馳驅　　Jìng tiān zhī yú / wú gǎn chí qū
昊天曰明　及爾出王　　Hào tiān yuē míng / jí ěr chū wǎng
昊天曰旦　及爾游衍　　Hào tiān yuē dàn / jí ěr yóu yǎn

해제

주공(周公)의 후손인 범백(凡伯)이 여왕(厲王)과 위정자를 책망한 시이다. 작법상 부(賦)에 속한다.

주석

板板(판판) : 상도(常道)에 반하는 것. 하늘이 상도에 반했다는 것은 허물을 돌릴 곳이 없어서 하는 말임.
卒(졸) : 모두. '盡'의 뜻.
癉(단) : 앓다. 고생하다.
不然(불연) : '不合理'의 뜻. 도리에 맞지 않는 것.
猶(유) : 꾀. 계획. '猷(꾀할 유)'와 같은 글자.
靡聖(미성) : 성인이 더 이상 없다고 여기는 것.
管管(관관) : 의거할 만한 기준이 없이 제멋대로 구는 것.
不實(부실) : 충실하지 못한 것.
亶(단) : 믿음. '信'의 뜻.

猶之未遠(유지미원) : 계획이 오래가지 못하다.
是用(시용) : 이로써. '用'은 '以'의 뜻.
難(난) : 세상에 어려움을 내리는 것.
然(연) : 그처럼. **憲憲**(헌헌) : 기뻐하는 모양. '欣欣(흔흔)'과 같은 말.
蹶(궤) : 움직이다. 여기서는 '攪亂(교란)', 곧 뒤흔들어 어지럽게 하는 것.
泄泄(예예) : 한가한 모양. 태평스런 모양. '沓沓(답답)'과 같은 말.
輯(집) : 상냥하다. 부드럽다. '和'의 뜻.
洽(흡) : 화목하다. 화합하다. '合'의 뜻.
懌(역) : 기뻐하다. 즐거워하다. '悅'의 뜻.
莫(막) : 안정되다. '定'의 뜻.
異事(이사) : 일이 다름. 직무가 다른 것.
及(급) : 더불어. 함께. '與'의 뜻. **同僚**(동료) : 동료. 똑같이 왕의 신하라는 뜻.
卽(즉) : 나아가다. '就'의 뜻. **謀**(모) : 꾀. 여기서는 계책을 말하는 것.
囂囂(효효) : 남의 말을 받아주려 하지 않는 모양.
服(복) : 일. '事'의 뜻. 이 구절은 내가 지금 말하는 것은 긴급한 일이라는 뜻.
先民(선민) : '古之賢人'. 옛날의 훌륭한 분들.
詢(순) : 묻다.
芻蕘(추요) : 꼴 베는 사람과 나무하는 사람. 꼴꾼과 나무꾼.
虐(학) : 해롭게 하다. 학대하다.
謔謔(학학) : 기뻐 즐기는 모양.
老夫(노부) : 늙은이. 작자 자신을 가리킴.
灌灌(관관) : 정성을 다하는 모양. '款款(관관)'과 같은 말. 여기서는 정성을 다해 고한다는 뜻.
小子(소자) : 젊은이들. '少者'와 같은 말.
蹻蹻(갹갹) : 교만한 모양.
耄(모) : 늙은이. 칠팔십 세 된 노인. 이 구절은 자기의 말이 정신이 흐릿한 늙은이의 망언이 아니라는 뜻.
用憂謔(용우학) : '以憂爲謔'. 우환을 장난으로 여기는 것.
多(다) : 우환이 많아지는 것.
熇熇(혹혹) : 불길이 성하게 타오른 모양.
救藥(구약) : 약으로 구제하는 것.
懠(제) : 성내다. 노하다.
夸毗(과비) : 몸을 굽실거리며 남에게 아첨하는 것.
威儀(위의) : 위엄과 예의. 卒(졸) : 모두. '盡'의 뜻.
載(재) : '則'의 뜻. 尸(시) : 시체. 여기서는 시체처럼 아무 일도 할 수 없다는 뜻.
殿屎(전히) : 끙끙거리며 앓음. 신음함.
我(아) : 작자가 백성의 입장에서 한 말. 우리 백성.
葵(규) : 헤아리다. '揆(헤아릴 규)'와 같은 글자.
蔑(멸) : 없다. '無'의 뜻. 資(자) : 재물. 재화.
曾(증) : 끝내. '卒'의 뜻. 惠(혜) : 은혜를 베풀다. 사랑하다. 師(사) : 무리. '衆'의 뜻. 我師는 우리 백성들.
牖(유) : 이끌다. 인도하다. '誘'와 통함.
壎(훈) : 질나팔. 흙으로 만든 취주(吹奏) 악기. 속이 빈 난형(卵形)에 여섯 또는 여덟 개의 구멍이 있음. 篪(지) : 저. 가로 대고 부는 관악기의 한 가지. 구멍이 여덟 개 있는데, 그 중 하나는 위에 있어서 이 구멍으로 불게 되었음. 이 구절은 질나

　　　　　　팔과 저를 합주하는 것처럼 백성들이 조화됨을 말함.
璋(장) : 끝의 반을 깎아 뾰쪽하게 한 홀. 반쪽 홀. 반규(半圭). 따라서
　　　　圭(규)는 장(璋)을 두 개 합친 것. 이 구절은 서로 잘 부합하
　　　　는 것을 말함.
取(취) : 서로 손잡는 것. 攜(휴) : 서로 손을 잡아 이끌어 주는 것.
曰(왈) : 어조사. 益(익) : 막다. 방해하다. '隘(막을 액)'과 통함.
辟(벽) : 간사하다.
立辟(입벽) : 간사함을 세우다. 곧 간사한 짓을 하는 것.
价(개) : 크다. '大'의 뜻. 价人은 큰 덕을 지닌 사람.
藩(번) : (나라의) 울타리.
大師(대사) : 대중(大衆). 백성들. 垣(원) : 담.
大邦(대방) : 큰 나라. 강국. 屛(병) : 병풍.
大宗(대종) : 강족(强族). 翰(한) : 줄기. 기둥. '幹'과 통함.
懷德(회덕) : 덕을 지님. 이 구절은 임금이 덕을 지녀야 모든 사람이
　　　　편안해질 수 있다는 뜻.
宗子(종자) : 임금과 동성(同姓)의 친척들. 城(성) : 성(城)이 되어
　　　　주는 것.
俾(비) : 하여금. '使'의 뜻. 城壞(성괴) : 친척들의 배반으로 성이 무
　　　　너지는 것.
無獨(무독) : 누구의 도움도 없이 홀로 남아 사는 것. 斯(사) : 곧. '則'
　　　　의 뜻.
敬(경) : 삼가. 조심하다.
戲豫(희예) : 장난치며 즐거이 노는 것.
渝(유) : 변하다. 달라지다.
馳驅(치구) : 제멋대로 구는 것. '自恣(자자)'의 뜻.

昊天(호천) : 넓은 하늘. 曰(왈) : 어조사.
及(급) : 함께. 더불어. '與'의 뜻. 王(왕) : 가다. '往'과 같은 글자. 出王은 '出入往來'의 뜻. 이 구절은 그대와 더불어 출입왕래를 한다는 것으로 그대가 어디서 무슨 일을 하더라도 하늘은 다 아신다는 뜻.
旦(단) : 밝다. '明'의 뜻.
游衍(유연) : 멋대로 노는 것.

3. 탕지십(蕩之什)

이 부류는 〈탕(蕩)〉(크다)을 위시하여 〈억(抑)〉·〈상유(桑柔)〉·〈운한(雲漢)〉·〈숭고(崧高)〉·〈증민(烝民)〉·〈한혁(韓奕)〉·〈강한(江漢)〉·〈상무(常武)〉·〈첨앙(瞻卬)〉·〈소민(召旻)〉 등 11편으로 구성되어 있다.

烝 民(zhēng mín)

天生烝民	有物有則	Tiān shēng zhēng mín / yǒu wù yǒu zé
民之秉彝	好是懿德	Mín zhī bǐng yí / hào shì yì dé
天監有周	昭假于下	Tiān jiān yǒu Zhōu / zhāo gé yú xià
保茲天子	生仲山甫	Bǎo zī tiān zǐ / shēng Zhòng shān fǔ

仲山甫之德　柔嘉維則　　Zhòng shān fǔ zhī dé / róu jiā wéi zé

令儀令色　小心翼翼　　Lìng yí lìng sè / xiǎo xīn yì yì
古訓是式　威儀是力　　Gǔ xùn shì shì / wēi yí shì lì
天子是若　明命使賦　　Tiān zǐ shì ruò / míng mìng shǐ fù

王命仲山甫　式是百辟　Wáng mìng Zhòng shān fǔ / shì shì bǎi bì
纘戎祖考　王躬是保　　Zuǎn róng zǔ kǎo / wáng gōng shì bǎo
出納王命　王之喉舌　　Chū nà wáng mìng / wáng zhī hóu shé
賦政于外　四方爰發　　Fù zhèng yú wài / sì fāng yuán fā

肅肅王命　仲山甫將之　Sù sù wáng mìng / Zhòng shān fǔ jiāng zhī
邦國若否　仲山甫明之　Bāng guó ruò pǐ / Zhòng shān fǔ míng zhī
旣明且哲　以保其身　　Jì míng qiě zhé / yǐ bǎo qí shēn
夙夜匪解　以事一人　　Sù yè fěi xiè / yǐ shì yī rén

人亦有言　柔則茹之　　Rén yì yǒu yán / róu zé rú zhī
剛則吐之　維仲山甫　　Gāng zé tǔ zhī / wéi Zhòng shān fǔ
柔亦不茹　剛亦不吐　　Róu yì bù rú / gāng yì bù tǔ
不侮矜寡　不畏彊禦　　Bù wǔ guān guǎ / bù wèi qiáng yù

人亦有言　德輶如毛　　Rén yì yǒu yán / dé yóu rú máo
民鮮克舉之　我儀圖之　Mín xiǎn kè jǔ zhī / wǒ yí tú zhī
維仲山甫舉之　愛莫助之　Wéi Zhòng shān fǔ jǔ zhī / ài mò zhù zhī
袞職有闕　維仲山甫補之　Gǔn zhí yǒu quē / wéi Zhòng shān fǔ

bǔ zhī

仲山甫出祖　四牡業業	Zhòng shān fū chū zǔ / sì mǔ yè yè
征夫捷捷　每懷靡及	Zhēng fū jié jié / měi huái mǐ jí
四牡彭彭　八鸞鏘鏘	Sì mǔ péng péng / bā luán qiāng qiāng
王命仲山甫　城彼東方	Wáng mìng Zhòng shān fū / chéng bǐ dōng fāng

四牡騤騤　八鸞喈喈	Sì mǔ kuí kuí / bā luán jiē jiē
仲山甫徂齊　式遄其歸	Zhòng shān fū cú Qí / shì chuán qí guī
吉甫作誦　穆如淸風	Jí fū zuò sòng / mù rú qīng fēng
仲山甫永懷　以慰其心	Zhòng shān fū yǒng huái / yǐ wèi qí xīn

해제

윤길보(尹吉甫)가 주(周)나라 선왕(宣王)의 명으로 제(齊)나라로 성 쌓으러 가는 중산보(仲山甫)를 전송할 때 지어 부른 시이다. 작법상 부(賦)에 속한다.

주석

烝民(증민) : 뭇 백성들. '烝'은 '衆'의 뜻.

物(물) : 사물. 則(칙) : 법칙.

秉彛(병이) : 상도를 굳게 지킴. '秉'은 '執', '彛'는 '常道'의 뜻.

好(호) : 좋아하다. 懿(의) : 아름답다. 훌륭하다. '美', '善'의 뜻.

監(감) : 살피다. '視'의 뜻.
昭(소) : 밝다. 여기서는 밝은 덕. 假(격) : 이르다. '格'과 통하며, '格'은 '至'의 뜻. 여기서는 '感至'의 뜻으로 감화 혹은 감동시키는 것.
保(보) : 보우(保佑)하다. 天子(천자) : 주나라 선왕(宣王)을 가리킴.
仲山甫(중산보) : 번(樊)나라 제후. 선왕(宣王)은 그를 제(齊)에 보내 성을 쌓게 했음.
柔嘉(유가) : 부드러움과 아름다움. 則(칙) : 법. 여기서는 법도로 삼는 것.
令(령) : 훌륭하다. '善'의 뜻. 儀(의) : 위의(威儀).
小心(소심) : 조심하다. 삼가다.
翼翼(익익) : 공경하고 삼가는 모양.
古訓(고훈) : 선왕(先王)의 가르침. 式(식) : 법. 여기서는 법도로 삼는 것. 본받는 것.
力(력) : 힘쓰다. '勉'의 뜻.
若(약) : 따르다. '順'의 뜻.
賦(부) : 펴다. '布'의 뜻.
式(식) : 법. 모범이나 법도가 되는 것.
百辟(백벽) : 모든 제후.
纘(찬) : 잇다. 계승하다. 戎(융) : 너. 그대.
祖考(조고) : 돌아가신 조부. 조상들.
王躬(왕궁) : 임금님 몸. 保(보) : 보호하다.
喉舌(후설) : 목구멍과 혀.
賦政(부정) : 왕정(王政)을 펴는 것.
四方(사방) : 온 세상. 爰(원) : 이에. 發(발) : '髮而應之'. 곧 왕명을 펴

서 응하는 것.

肅肅(숙숙) : 엄정한 모양.

將(장) : '奉行'의 뜻으로 받들어 행하는 것.

若否(약비) : '臧否(장비)'와 같은 말로 나라의 정치가 잘 되고 안 되는 것.

明(명) : 이치에 밝은 것. **哲**(철) : 일에 밝은 것.

夙夜(숙야) : 이른 아침부터 밤늦게까지.

解(해) : 게으르다. '懈(게으를 해)'의 뜻.

一人(일인) : 천자를 가리킴.

茹(여) : '納'의 뜻으로 삼키는 것.

剛(강) : 딱딱하다.

侮(모) : 업신여기다.

矜寡(관과) : 홀아비와 과부. '矜'은 '鰥(홀아비 환)'과 통함.

彊(강) : '强'과 같은 글자. 彊禦(강어)는 '强橫'의 뜻으로 억세고 횡포한 사람.

輶(유) : 가볍다. '輕'의 뜻.

鮮(선) : 적다. 드물다. '少'의 뜻.

儀(의) : 헤아리다. '度(헤아릴 탁)'의 뜻. **圖**(도) : 이 역시 '度'의 뜻. 「내가 헤아려본 바로는」

袞(곤) : 곤룡포(袞龍布). 천자가 입는 옷. 袞職(곤직)은 임금의 일. **闕**(궐) : 허물. 결함.

祖(조) : 길제사를 지내다. 먼 길 떠날 때 행로신(行路神)에게 제사지내는 것.

業業(업업) : 건장한 모양.

征夫(정부) : 중산보(仲山甫)를 따라가는 가는 사람들을 가리킴.

捷捷(첩첩) : 빠른 모양. 민첩한 모양.
每懷(매회) : 언제나 마음속으로 걱정하는 것.
靡及(미급) : 미치지 못하는 것. 이 구절은 내가 그들에 뒤질세라 늘
 걱정이 되어 서둔다는 뜻.
彭彭(방방) : 네 말이 가는 모양.
八鸞(팔란) : 여덟 개의 말방울. 말방울은 재갈 양쪽에 달고, 네 마리
 말이므로 '八鸞'임.
鏘鏘(장장) : 방울이 울리는 소리. 딸랑딸랑. 쩔렁쩔렁.
城(성) : 성. 여기서는 '築城'의 뜻. 東方(동방) : 제(齊)나라를 가리킴.
騤騤(규규) : 말이 건장한 모양.
喈喈(개개) : 방울이 울리는 소리. 달랑달랑.
徂(조) : 가다. '往'의 뜻.
式(식) : 어조사. 遄(천) : 빠르다. '速'의 뜻.
穆(목) : 온화하다. '和'의 뜻.
永(영) : '遠行'의 뜻. 懷(회) : '懷思'의 뜻. 永懷(영회)는 먼 곳에 가면
 그리워질 것이라는 뜻.
慰(위) : 위로하다. 달래다. 이 구절은 시로써 그리움을 달래는 뜻.

Ⅳ. 송(頌)

　송(頌)은 종묘제악(宗廟祭樂)으로서 제사를 지낼 때 조상의 성덕(盛德)을 기리고 이루어 놓은 공(功)을 신명(神明)에게 고한 것이다. 송은 주송(周頌)이 31편, 노송(魯頌)이 4편, 상송(商頌)이 5편 등 모두 40편으로 구성되어 있다.

1. 주송(周頌)

　주송(周頌)은 주공(周公)이 성왕(成王)을 대신하여 섭정하던 시기의 시로서, 시의 압운이 없고 고대 문사(文辭)를 구사하고 있어서 초기의 작품으로 본다. 주송은 청묘지십(淸廟之什)에 〈청묘(淸廟)〉를 위시하여 〈유천지명(維天之命)〉·〈유청(維淸)〉·〈열문(烈文)〉·〈천작(天作)〉·〈호천유성명(昊天有成命)〉·〈아장(我將)〉·〈시매(時邁)〉·〈집경(執競)〉·〈사문(思文)〉등 10편, 신공지십(臣工之什)에 〈신공(臣工)〉을 위시하여 〈희희(噫嘻)〉·〈진로(振鷺)〉·〈풍년(豊年)〉·〈유고(有瞽)〉·〈잠(潛)〉·〈옹(雝)〉·〈재견(載見)〉·〈유객(有客)〉·〈무(武)〉 등 10편, 민여소자지십(閔予小子之什)에 〈민여소자(閔予小子)〉를 위시하여 〈방락(訪落)〉·〈경지(敬之)〉·〈소비(小毖)〉·〈재삼(載芟)〉·〈양사(良耜)〉·〈사의(絲衣)〉·〈작(酌)〉·〈환(桓)〉·〈뇌(賚)〉·〈반(般)〉등 11편 모두 31편으로 구성되어 있다.

淸 廟(qīng miào)

於穆淸廟	肅雝顯相	Wū mù qīng miào / sù yōng xiǎn xiàng
濟濟多士	秉文之德	Jǐ jǐ duō shì / bǐng Wén zhī dé
對越在天	駿奔走在廟	Duì yuè zài tiān / jùn bēn zǒu zài miào
不顯不承	無射於人斯	Bù xiǎn bù chéng / wú yì yú rén sī

해제

주공(周公)이 낙읍(洛邑)을 건설하여 완성해놓은 뒤 제후들을 거느리고 문왕을 제사한 악가(樂歌)이다. 1장이며 작법상 부(賦)에 속한다.

주석

於(오) : 감탄사. 아아. **穆**(목) : 심원하다. 그윽하다. **淸廟**(청묘) : 청정(淸靜)한 묘당(廟堂). 문왕(文王)의 묘당을 가리킴.
肅雝(숙옹) : 삼가고 유화(柔和)로움. **顯**(현) : 빛나다. '明'의 뜻. 덕이 빛나는 것.
相(상) : 돕다. '助'의 뜻. 여기서는 제사를 돕는 공경 제후(公卿諸侯)들을 가리킴.
濟濟(제제) : 많은 모양. **多士**(다사) : 제사에 참여하여 일 보는 사람들을 가리킴.
秉(병) : 잡다. 여기서는 일을 받들어 행하는 것. **文**(문) : 문왕.

對越(대월) : ~에게 보답하다. '對'는 '答', 越은 '於'의 뜻. 혹은 '對揚'과 같은 말로 보기도 함. 對揚은 군주의 명령에 응하여 그 뜻을 널리 일반에게 알리는 것. **在天**(재천) : 하늘에 계신 신령. 문왕의 신령을 가리킴.

駿(준) : 빠르다.

不(불) : '豈不'의 뜻. **承**(승) : '尊奉'의 뜻. 곧 문왕의 덕을 높이 받드는 것.

射(역) : 싫어하다. '斁(싫어할 역)'과 통함. **斯**(사) : 어조사.

豊年(fēng nián)

豊年多黍多稌　亦有高廩	Fēng nián duō shǔ duō tú / yì yǒu gāo lǐn
萬億及秭	Wàn yì jí zǐ
爲酒爲醴　烝畀祖妣	Wéi jiǔ wéi lǐ / zhēng bì zǔ bǐ
以洽百禮　降福孔皆	Yǐ qià bǎi lǐ / jiàng fú kǒng jiē

가을과 겨울에 종묘에 제사를 드리며 추수를 감사하는 악가이다. 1장이며 작법상 부(賦)에 속한다.

多(다) : 풍성한 것. 黍(서) : 기장. 稌(도) : 벼. '稻'의 뜻.
亦(역) : 어조사. 廩(름) : 곡식 창고.
秭(자) : 억(億)의 억(億). 이 구절은 곡식이 헤아릴 수 없이 많이 쌓여 있는 것을 나타낸 것임.
醴(례) : 단술.
烝(증) : 올리다. '進'의 뜻. 畀(비) : 주다. '予'의 뜻.
祖妣(조비) : 선조(先祖)와 망조모(亡祖母). 여기서는 대체로 전조(田祖)·선농(先農)·방사(方社) 등의 신들을 가리킴.
洽(흡) : 합하다. 여기서는 '備'의 뜻으로 갖가지 예를 갖추는 것.
降福(강복) : 신이 내리신 복. 孔(공) : 매우. 심히 '甚'의 뜻. 皆(개) : 두루. '偏(두루 편)'의 뜻. 여기서는 두루 미치는 것.

閔予小子(mǐn yú xiǎo zǐ)

閔予小子	遭家不造	Mǐn yú xiǎo zǐ / zāo jiā bù zào
嬛嬛在疚	於乎皇考	Qióng qióng zài jiù / wū hū huáng kǎo
永世克孝		Yǒng shì kè xiào
念兹皇祖	陟降庭止	Niàn zī huáng zǔ / zhì jiàng tíng zhǐ
維予小子	夙夜敬止	Wéi yú xiǎo zǐ / sù yè jìng zhǐ
於乎皇王	繼序思不忘	Wū hū huáng wáng / jì xù sī bù wàng

해제

주(周) 성왕(成王)이 무왕(武王)의 복상(服喪)을 마치고 선왕(先王)들의 묘당을 참배했을 때 부른 악가이다. 1장이며 작법상 부(賦)에 속한다.

주석

閔(민) : 가엾게 여기는 것. 予小子(여소자) : 성왕(成王) 자신을 가리킴.

不造(부조) : 불선(不善). 불행. '造'는 '善'의 뜻.「집안에 불행을 당하여」

嬛嬛(경경) : 의지할 데 없어 고독한 모양. '榮榮(경경)'과 같은 말. 疚(구) : 슬프고 아픈 것. 이 구절은 성왕이 무왕(武王)의 복상(服喪)을 마치고 그리움에 젖어 마음이 뒤숭숭한 것을 말함.

於(오) : 감탄사. 皇考(황고) : 성왕의 부왕(父王)인 무왕(武王)을 가리킴.

永世(영세) : 평생토록.

皇祖(황조) : 문왕을 가리킴.

陟降(척강) : 오르내리는 것. 止(지) : 어조사. 이 구절은 돌아가신 문왕의 신령이 뜰에 오르내리는 듯하다는 뜻.

皇王(황왕) : 돌아가신 문왕과 무왕을 가리킴.

繼序(계서) : 유업(遺業)을 계승하는 것. '序'는 '緒(일 서)'의 뜻.

2. 노송(魯頌)

　노송(魯頌)은 주(周)의 성왕(成王)이 주공(周公)의 아들 백금(伯禽)을 노(魯)나라에 봉(封)한 바 그 시기의 시로서, 지금의 산동성(山東省) 곡부현(曲阜縣) 일대이다. 노송(魯頌)은 〈경(駉)〉·〈유필(有駜)〉·〈반수(泮水)〉·〈비궁(閟宮)〉등 4편인데 묘당(廟堂)에 제사의 가사라기보다는 풍아(風雅)의 격식을 지니고 있다.

有 駜(yǒu bì)

有駜有駜　駜彼乘黃　　Yǒu bì yǒu bì / bì bǐ shèng huáng
夙夜在公　在公明明　　Sù yè zài gōng / zài gōng míng míng
振振鷺　鷺于下　　　　Zhèn zhèn lù / lù yú xià
鼓咽咽　醉言舞　　　　Gǔ yuān yuān / zuì yán wǔ
于胥樂兮　　　　　　　Yú xū lè xī

有駜有駜　駜彼乘牡　Yǒu bì yǒu bì / bì bǐ shèng mǔ
夙夜在公　在公飮酒　Sù yè zài gōng / zài gōng yǐn jiǔ
振振鷺　鷺于飛　　　Zhèn zhèn lù / lù yú fēi
鼓咽咽　醉言歸　　　Gǔ yuān yuān / zuì yán guī
于胥樂兮　　　　　　Yú xū lè xī

有駜有駜　駜彼乘牡　Yǒu bì yǒu bì / bì bǐ shèng xuàn
夙夜在公　在公載燕　Sù yè zài gōng / zài gōng zài yàn
自今以始　歲其有　　Zì jīn yǐ shǐ / suì qí yǒu
君子有穀　詒孫子　　Jūn zǐ yǒu gǔ / yí sūn zǐ
于胥樂兮　　　　　　Yú xū lè xī

해제

임금을 칭송하고 풍년을 빌기 위해 연회와 음주를 행하였다. 3장이며 작법상 흥(興)에 속한다.

주석

駜(필) : 말이 살찌다. 有駜은 '駜然'과 같은 말로 말이 살찌고 강한 모양.
乘(승) : 네 필의 말. 「살찌고 강한 저 네 필의 누렁 말」
夙夜(숙야) : 밤낮으로. 公(공) : 공소(公所). 임금이 계신 곳.
明明(명명) : 사리에 맞게 일을 처리하는 것.

振振(진진) : 떼지어 나는 모양. 鷺(로) : 해오라기. 여기서는 해오라기
     깃을 들고 춤추는 사람들에 비유한 말.
于(우) : '如'의 뜻으로 곧 춤추는 사람들이 앉았다 엎드렸다 하며 춤
     추는 것이 마치 해오라기가 내려앉을 때의 모습 같다는 말.
咽咽(연연) : 북소리가 심장(深長)하게 울리는 것.
言(언) : 어조사.
胥(서) : 서로. '相'의 뜻.
牡(모) : 수말.
騂(현) : 철총이 말.
載(재) : 어조사. 燕(연) : 잔치하다. '宴'과 같은 글자.
有(유) : '有年'의 뜻으로 풍년이 드는 것.
穀(곡) : 녹(綠).
詒(이) : 주다. 孫子(손자) : 자손.

3. 상송(商頌)

상송(商頌)은 상(商)나라 후손인 송(宋)나라 양공(襄公) 시기의 시로서, 〈나(那)〉·〈열조(烈祖)〉·〈현조(玄鳥)〉·〈장발(長發)〉·〈은무(殷武)〉 등 5편으로 구성되어 있다.

玄鳥(xuán niǎo)

天命玄鳥　降而生商	Tiān mìng xuán niǎo / jiàng ér shēng Shāng
宅殷土芒芒	Zhái Yīn tǔ máng máng
古帝命武湯　正域彼四方	Gǔ dì mìng wǔ Tāng / zhēng yù bǐ sì fāng
方命厥后　奄有九有	Fāng mìng jué hòu / yǎn yǒu jiǔ yǒu
商之先后　受命不殆	Shāng zhī xiān hòu / shòu mìng bù dài
在武丁孫子	Zài Wǔ dīng sūn zǐ

武丁孫子　武王靡不勝　　Wǔ dīng sūn zǐ / Wǔ wáng mǐ bù shèng
龍旂十乘　大糦是承　　　Lóng qí shí shèng / dà chì shì chéng
邦畿千里　維民所止　　　Bāng jī qiān lǐ / wéi mín suǒ zhǐ
肇域彼四海　　　　　　　Zhào yù bǐ sì hǎi
四海來假　來假祁祁　　　Sì hǎi lái gé / lái gé qí qí
景員維河　殷受命咸宜　　Jǐng yuán wéi Hé / Yīn shòu mìng xián yí
百祿是何　　　　　　　　Bǎi lù shì hé

해제

은(殷)나라 고종(高宗)을 제사하는 노래인데, 고종 무정(武丁)은 상(商)나라의 쇠퇴를 부흥시키기 위해 수도를 은(殷)으로 옮긴 후 중흥에 힘썼다. 1장이며 작법상 부(賦)에 속한다.

주석

玄鳥(현조) : 제비.
商(상) : 상(商)나라 시조 설(契)을 가리킴. ≪사기(史記)≫에 의하면, 고신씨(高辛氏)의 비(妃)이자 유융씨(有娀氏)의 딸인 간적(簡狄)이 아들 구해주는 신에게 빌자 제비가 알을 주어 이를 삼키고 잉태하여 설(契)을 낳았고, 설은 후세에 유상씨(有商氏)가 되어 천하를 차지하여 다스렸다 한다.
宅(택) : 살다. '居'의 뜻. 여기서는 살게 하는 것.
殷土(은토) : 은나라 땅. 芒芒(망망) : 큰 모양.
帝(제) : 상제(上帝). 武湯(무탕) : 무덕(武德)을 갖춘 탕(湯)임금.

正(정) : 바로잡다. 다스리다. '治'의 뜻. 域(역) : 강토. 「저 사방을 강
　　　　토로 다스리게 하셨네」
后(후) : 제후.
奄有(엄유) : 땅을 전부 차지하는 것.
九有(구유) : 구주(九州). 천하.
先后(선후) : 선왕(先王).
不殆(불태) : 위태롭지 않게 천하를 잘 다스리는 것.
武丁(무정) : 은나라 고종(高宗)을 가리킴. 孫子(손자) : 자손.
靡(미) : 없다. '無'의 뜻. 不勝(불승) : 무덕(武德)이 빼어나지 않은 것.
龍旂(용기) : 제후들이 수레에 꽂는 교룡(蛟龍)의 기.
糦(치) : 주식(酒食). 서직(黍稷). '饎(주식치)'와 같은 글자. 承(승)
　　: 받들다. '奉'의 뜻.
邦畿(방기) : 왕 터.
止(지) : 머물러 살다. '居'의 뜻.
肇域(조역) : 지경(地境)을 엶. '肇'는 '開'의 뜻.
假(격) : 이르다. '至'의 뜻.
祁祁(기기) : 많은 모양.
景(경) : 산 이름. 상(商)나라가 도읍한 곳. 員(원) : 사방. 둘레. 河(하) :
　　　　황하. 「경산의 사방은 바로 황하일세」
殷受命(은수명) : 은나라가 받은 명령.
咸(함) : 다. 모두. 宜(의) : 합당하다. 올바르다.
何(하) : 짊어지다. '荷(짊어질 하)'와 통함.